CAPITOLO 1

LAVORARE OGGI

Crisi, opportunità, nuove professioni, disoccupazione: bastano quattro semplici concetti per delineare per sommi capi un quadro condiviso. Stiamo attraversando un periodo in cui il mondo del lavoro è in profonda e continua trasformazione. Sia per i dipendenti sia per i manager, i professionisti e gli imprenditori, i cambiamenti da affrontare sono molto impegnativi anche solo rispetto a venti anni fa. Si parla di crisi quando si fatica a comprendere e a governare le trasformazioni in atto.

Le aziende sono da un lato alla ricerca di talenti e faticano a trovarli. Alcune di loro si affidano a cacciatori di teste e società specializzate nella ricerca e selezione del personale, spendendo spesso migliaia di euro solo per trovare dei candidati in linea con i profili richiesti.

Dall'altro lato i professionisti, i giovani, i neolaureati e i cosiddetti "lavoratori della conoscenza" faticano a comunicare le proprie capacità e a trovare quella visibilità necessaria per creare un rapporto stabile e rassicurante. Chiunque si trovi nella faticosa condizione di disoccupato deve poi scontrarsi con la condizione di estrema precarietà che contraddistingue il mercato.

In media, quando si trova lavoro, solo due casi su dieci si concludono con un contratto a tempo indeterminato. È quanto è emerso dall'indagine Excelsior di Unioncamere e Ministero del Lavoro sul terzo trimestre del 2012. Nel periodo tra luglio e settembre le assunzioni stabili previste sono state solo il 19,8% su un totale di quasi 159.000.

Durante il Word Business Forum del 2012 tenutosi a novembre a Milano, 3.000 manager sono stati intervistati ed è emerso che:

- l'85% ritiene necessario migliorare le proprie competenze, acquisirne di nuove, essere maggiormente flessibile e capace di reinventarsi in nuovi ruoli;
- il 95% afferma che il mondo del lavoro è cambiato con le difficoltà economiche che hanno caratterizzato gli ultimi anni;
- il 43% riconosce che la propria posizione lavorativa non è più considerata stabile;
- l'84% ritiene sia possibile doversi riscoprire come imprenditore.

Ivana Pais, docente di Sociologia economica nella facoltà di Economia dell'Università Cattolica di Milano, blogger per "La nuvola del lavoro" del *Corriere.it* e autrice de *La rete che lavora. Mestieri e professioni nell'era digitale* (Egea 2012), delinea un quadro abbastanza critico: "Il mondo del lavoro è in continuo mutamento: alle grandi fabbriche fordiste si sono sostituite le organizzazioni a rete, alla materialità dei prodotti industriali la leggerezza dei servizi, agli operai della catena di montaggio i lavoratori della conoscenza e della relazione, ai contratti a tempo indeterminato le Partite IVA, alla stabilità del posto la mobilità dei percorsi di lavoro ecc. Le classi e i gruppi sociali hanno lasciato il posto alle reti, l'azione collettiva a quella connettiva, la solidarietà alla collaborazione, la rappresentanza alla rappresentazione.
Al lavoratore contemporaneo è richiesto di essere 'agile' oltre che flessibile: deve sapersi muovere tra posti di lavoro, tra organizzazioni, tra sfere sociali e tra online e offline, gestendo la propria identità professionale e mantenendo la propria reputazione."
Negli ultimi cinquant'anni siamo diventati il Paese più vecchio del mondo, avendo contemporaneamente la proporzione più alta di anziani e quella più bassa di bambini e ragazzi.
Questo sbilanciamento demografico produce due caratteristiche negative tipiche del nostro mercato del lavoro: ci sono pochi occupati giovani, ma anche pochi ultra-cinquantacinquenni. Entro quindici anni il processo di invecchiamento della popolazione vedrà crescere la percentuale di ultrasessantacinquenni che lavorano.[1] Un numero limitato di giovani lavoratori, quindi, subentrerà a un folto numero di lavoratori anziani.
Intanto, anche se l'occupazione degli ultra-cinquantenni italiani è leggermente cresciuta negli ultimi quattro anni, l'espulsione di molti quarantenni e cinquantenni durante i processi di ristrutturazione aziendale dagli anni Ottanta in avanti, con provvedimenti di pensionamento anticipato ed

1. Dati del rapporto Ocse 2011.

esuberi, ha spinto l'Italia agli ultimi posti nelle classifiche del lavoro over cinquanta.

Come faranno a trovare spazio in questo scenario i nuovi lavoratori?

I giovani sono schiacciati da un numero enorme di lavoratori più anziani, sempre più in cerca di un ricollocamento professionale per gli ultimi anni della loro carriera.

Nel febbraio 2012, Forbes ha citato una ricerca che evidenzia come, entro il 2020, metà dei lavoratori americani saranno configurabili come "lavoratori indipendenti": più di 70 milioni di persone.[2]

La ricerca, analizzando i lavoratori indipendenti attuali definiti i pionieri di questo trend, evidenzia come il 55% di questi abbia scelto volontariamente di lasciare il lavoro, l'80% non tornerebbe più indietro, mentre quasi 30 milioni di lavoratori dipendenti dice di voler lasciare il lavoro entro due anni.[3]

Anche in azienda si ravvisano forti cambiamenti.

I dipendenti, volenti o nolenti, sono sempre più considerati consulenti freelance, fornitori e prestatori d'opera, anche in modalità remote e di tele-lavoro, all'interno di un'organizzazione flessibile in cui a ciascuno viene delegata l'autonomia e la responsabilità sul proprio progetto.

> *"Il 71% delle aziende italiane sfrutta Internet per acquisire informazioni sui candidati."*

In tutta questa libertà di azione, le persone, le aziende e i possibili clienti cercano sempre di più di usare la Rete per trovare nuove opportunità, fornitori e potenziali partner.

Secondo un'indagine condotta da Gidp/Hrda, l'associazione dei direttori delle risorse umane, il 71% delle aziende italiane sfrutta Internet per acquisire informazioni sui candidati. Gli strumenti principali sono due: Facebook e Google. Le ricerche sono ancora più utili per i profili manageriali e per i quadri.

I dirigenti di Union Square Ventures, un fondo che ha importanti partecipazioni in Twitter, Foursquare e Zynga, sono stati radicali. Cercavano un analista, hanno pubblicato un annuncio online. "Nessun *curriculum*, grazie. Mandateci qualche link, valuteremo la vostra presenza su Internet." Così, la ricerca del candidato perfetto si è sviluppata online, tra post su Facebook e tweet pubblicati, a caccia di intuizioni, scambi di idee e gaffe pericolose. "Per noi un candidato si valuta da quello che ama, dalle sue passioni" hanno spiegato.

2. "Free Agent" o "Not in a Job", www.forbes.com/sites/haydnshaughnessy/2012/02/26/what-does-work-look-like-when-half-of-america-is-not-in-a-job.
3. http://gigaom.com/2011/12/08/mbo-partners-network-2011.

Posizionarsi, rendersi visibili, reinventarsi, acquisire competenze, condividerle e crescere insieme agli altri: queste sono alcune delle parole chiave che richiede la nuova era di Internet. E gli esempi che seguono sembrano confermarlo.

Esempi affascinanti

Alberto Forchielli[4] è uno dei principali punti di riferimento per lo sviluppo del business in Cina e in India e vanta una strategia molto aggressiva sui nuovi media. Con un MBA alla Harvard Business School è Managing Director della Mandarin Capital Partners e fondatore dell'ente di ricerca "Osservatorio Asia".[5]
Oltre a una presenza periodica su Radio 24, frequenta in maniera assidua e professionale Twitter, YouTube e Facebook.[6] Alberto è anche presente sul Twitter cinese Weibo, redige un blog[7] in inglese e cinese, e la versione online di *Caixin*, la più autorevole rivista cinese di economia e business.
Intervistato da noi dichiara: "La mia presenza online mi è servita principalmente per l'efficienza nel mantenimento di un network di relazioni. Ho accesso a fonti privilegiate che mi consentono di offrire contenuti interessanti. Inoltre permette di rendermi più raggiungibile e visibile superando i limiti della stampa e dei media tradizionali."

Un altro esempio significativo è quello di Sora Cesira, una donna di cui non è ben chiara l'identità che grazie al Web è riuscita a farsi notare, imporsi con un suo grande seguito e trovare persino un lavoro. Tutto è iniziato con un video satirico realizzato per divertimento e postato su YouTube: "We are the world for Polverini"[8] che ha registrato uno strepitoso successo. "Il numero di visualizzazioni e l'antico amore per la parodia" ci ha spiegato "mi hanno poi portata a realizzarne altri e a pubblicarli su un blog aperto appositamente."[9]
Le abbiamo chiesto cosa sia accaduto in seguito, dal punto di vista professionale, e ci ha spiegato di essere stata contattata via email dalla redazione della trasmissione *Gli sgommati*, che va in onda su Sky, con cui è riuscita a spuntare un contratto, ma di avere avuto anche altre svariate offerte.

4. www.albertoforchielli.com.
5. www.osservatorioasia.com.
6. Mentre scriviamo ha oltre 154.000 fan particolarmente attivi.
7. Fugeli.blog.caixin.com, nella top ten dei blogger più letti e il più letto tra quelli di lingua non cinese.
8. www.youtube.com/watch?v=UJzKsE7b9oc sul canale www.youtube.com/user/dajelazio1000.
9. http://lasoracesira.blogspot.it.

John Pepper, invece, è CEO e co-fondatore di Boloco, una nota catena americana di burrito. Oltre a essersi distinto più volte per una particolare attenzione alla cultura aziendale, è molto presente sui social network, in particolare su Twitter. Un giorno, monitorando il suo brand, incappa in un'avventrice seduta in un suo locale di Boston che si lamenta del volume troppo alto della musica. Pepper segnala prontamente il problema al manager che si preoccupa di chiedere alla cliente se il nuovo volume andasse bene. Cosa è successo in seguito? La donna ha twittato la storia che è stata poi ripresa e diffusa da altri amici. Sull'accaduto ha scritto un articolo sul suo blog[10] e ne è nato un caso: l'episodio ha ricevuto così tanta attenzione da essere riportato come un esempio citato in alcuni libri.

Figura 1.1 – John Pepper è molto presente su Twitter.

Altri imprenditori hanno utilizzato il Web per entrare in contatto e scusarsi per disagi e disservizi. Alcuni ricorderanno il video condiviso su YouTube del CEO di Domino's Pizza, dopo lo scandalo in uno dei punti vendita, o il più recente di RIM, a seguito del blackout dei BlackBerry.

10. www.rachel-levy.com/music-and-the-impact-of-a-tweet.

YouTube ha un club molto ampio di amministratori che hanno dovuto, per così dire, "mangiarsi il cappello" per evitare crisi di reputazione ancora più grosse.

Sebastiano Zanolli è Amministratore Delegato di DSL55 e si autodefinisce un manager "un po' atipico" il cui approccio è "un misto di pragmatismo e di sentimento". È autore di cinque libri in cui tratta argomenti legati alla responsabilità e all'etica in azienda e alla ricerca e gestione del talento. Grazie a un'assidua attività di public speaking e a un'ottima presenza online,[11] si è guadagnato un cospicuo numero di fan appassionati, fornendo un'ulteriore prospettiva sulla sua azienda e rendendosi raggiungibile dai clienti finali.

Tourism Café[12] è il blog creato dall'amministratore delegato di Amadeus Italia,[13] Fabio Lazzerini, per raccogliere idee e implementare strategie, con l'ambizione di creare valore aggiunto nel settore. Il blog vuole aggregare una community per addetti ai lavori e appassionati del settore del turismo, con cui Fabio interagisce ulteriormente tramite un vivace profilo Twitter.[14]

Paolo Iabichino è Creative Director in Ogilvy e si è inventato il concetto di *invertising*, sul quale ha poi scritto anche un ottimo libro. La sua tesi parte dall'assunto che la pubblicità non abbia più bisogno di un target, bensì di un interlocutore con cui marche e prodotti devono mettersi in relazione. Paolo è diventato una micro-celebrità nel suo campo e, grazie allo stile pungente dei suoi tweet e dei suoi post su Facebook, non manca mai di fornire il suo punto di vista.

Fabio Lalli è un giovane imprenditore romano. Uscito da un grosso gruppo di consulenza, si è concentrato sulla sua vera passione: l'innovazione. Perciò, ha creato una società che si occupa di realizzare imprese legate a idee innovative, soprattutto in ambito social e mobile. Per condividere le sue idee e fare network ha messo in piedi uno dei gruppi Facebook dedicati al mondo digitale più attivo e frequentato: *Indigeni digitali*. Dal gruppo, che vanta quasi 5.000 iscritti, è nata l'omonima associazione che promuove la cultura del digitale attraverso incontri, eventi e attività in tutta la penisola.

---

11. www.sebastianozanolli.com.
12. www.tourismcafe.it.
13. Fornitore IT per operatori del settore dei viaggi.
14. http://twitter.com/tourismcafe.

Attraverso il gruppo e l'associazione la fama di Fabio è cresciuta sino a diventare uno dei punti di riferimento per tutti coloro che si occupano di start-up e innovazione. Ma oltre a ciò, Fabio si distingue soprattutto per la sua personalità, per il carisma e l'estrema disponibilità. Anche per questo è considerato da molti un esempio da imitare.

Cos'è il branding?

Ormai tutti hanno sentito parlare di branding. Si può dire addirittura che lo scopo di tutte le tecniche di marketing sia quello di affermare un potente brand nella mente dei propri clienti. Lo stesso che permette all'Evian di vendere la sua acqua a un prezzo maggiore della birra e del latte o ai prodotti Apple di costare molto di più del loro valore reale.
Il branding, per certi versi, è qualcosa di impalpabile e di indefinito. è dimostrato che l'emozione attiva il cervello tremila volte più rapidamente del pensiero ordinario e, studiando i comportamenti dei consumatori, chi fa la spesa è disposto a pagare fino al 200% in più, se la sua decisione è basata sull'emozione anziché su motivazioni razionali.[15]
Si potrebbe quasi affermare che il solo scopo del brand è quello di penetrare il lato emozionale del cliente.

Branding significa molto di più di stampare un marchio su un prodotto. Chiunque abbia visto un brand in azione ne ha subito almeno in qualche misura la forza, poiché tutti abbiamo scelto, almeno una volta nella vita, tra due prodotti comparabili su uno scaffale, per esempio tra una Coca-Cola e una Pepsi.
Il branding ha lo scopo di differenziare prodotti, servizi e aziende. Si basa sul concetto di singolarità e cerca di creare nella mente dei consumatori l'idea per cui sul mercato non esiste nulla di analogo.
Il brand è una promessa di valore costante nel tempo che è in qualche modo rilevante per un certo gruppo di persone. La BMW mantiene la stessa identica promessa dal 1959!
Ma perché l'esperienza d'uso che i clienti fanno di una marca sia sempre congruente e consistente è necessario che ogni promessa sia mantenuta con i fatti, soprattutto nell'epoca dei social media, come vedremo.[16]

15. Si veda: Lucas Conley, *Sindrome ossessiva da brand*, Nuovi Mondi, Modena 2008.
16. *Social media* o *media sociali* è la definizione che si usa per indicare l'insieme degli strumenti e delle pratiche online adottati dai navigatori a partire dal Web 2.0. Si contrappongono ai media tradizionali per il loro utilizzo e rappresentano un profondo cambiamento del modo in cui la gente utilizza le informazioni in Rete.

Figura 1.2 – Alza gli occhi e guardati intorno, quanti brand riesci a contare?

Allo stesso modo, il personal branding è quel processo che crea nella mente dei tuoi possibili clienti l'idea che sul mercato non esista una persona che possa fornire un servizio o un prodotto come te. Le parole chiave sono *rilevanza*, *esclusività* e *specificità*. L'idea è quella di rappresentare un concetto unico e irripetibile nella mente del proprio cliente, e di fare in modo che quando penserà a una certa specifica esigenza tu sarai la prima, o meglio, la *sola* persona che gli verrà in mente.
Del resto, il brand altro non è che un prodotto con una personalità. E allora, perché non applicare un processo simile anche per le persone?

La marca chiama te

Tom Peters, guru americano del marketing, lo aveva capito già nel 1997, quando pubblicò un articolo intitolato "The Brand Called You" in cui per la prima volta si parlava di "personal branding".[17] Nonostante siano passati più di dieci anni, una rilettura rimane d'obbligo, in quanto è difficile non rimanere colpiti dall'attualità degli argomenti.
Peters suggeriva: "Qualsiasi sia la mia estrazione sociale o età, io sono di fatto il presidente, l'amministratore delegato e il responsabile marketing dell'azienda chiamata Io Spa. La mia reputazione e la mia credibilità dipendono da quanto efficacemente riesco a comunicare la mia competenza e a distinguermi dagli altri, determinando così la qualità del mio lavoro futuro."
Dopo quel celebre articolo Tom ha scritto innumerevoli libri sull'argomento. Sembra che si sia prefissato una missione nella vita: trasformare in

17. www.fastcompany.com/28905/brand-called-you.

imprenditore chiunque abbia un sogno nel cassetto, soprattutto coloro che vengono “scaricati” dalle grandi aziende.
Del resto il personal branding è una pratica che, più o meno consapevolmente, tutti provano ad applicare da tempi remoti. Peters fa l’esempio dei pionieri americani, i padri pellegrini, che basavano la loro strategia di sopravvivenza su tre principali risorse:

- **competenza**: la loro specifica capacità, quello che avevano da mettere a disposizione del mercato;
- **visibilità**: gli sforzi per farsi notare nella folla, la loro capacità di non dipendere da nessuno;
- **networking**: la capacità di far valere la propria rete di contatti. Aiutarsi a vicenda raggruppandosi sotto gli stessi valori.

Questi sono i tre veri pilastri del personal branding e li ritroverai in tutto il libro riproposti sotto varie forme.

Personal branding

È stato dunque Peters, nel suo articolo, a coniare l’espressione “personal branding”, l’arte di costruire il proprio brand, la propria marca personale: riguarda il modo con cui possiamo fare marketing di noi stessi partendo dalle nostre passioni e da ciò che ci rende unici e degni di nota.
Il tuo brand potrebbe essere definito come quello che collettivamente le persone dicono, provano e pensano di te e dei tuoi servizi nei vari contesti della tua vita, professionale e non. Fare personal branding significa comunicare in modo efficace e influenzare positivamente quelle persone rispetto alla percezione del tuo brand.

Tieni anche presente che il personal branding è inevitabile ed emerge appena un individuo interagisce con un altro, lo etichetta e lo classifica in una determinata categoria personale. È il modo con cui funziona il nostro cervello, impostato per riconoscere gli schemi, prediligere le somiglianze e ricordarsi delle differenze: comunque vada, le persone ti identificheranno attraverso una definizione, utilizzando uno o più schemi propri. Negare l’esistenza di un brand personale è negare la normale pratica di riconoscere e definire l’altro.
Anche semplicemente camminando per strada raccontiamo qualcosa di noi: nell’andatura, nella postura o nel modo di vestirci. Questi elementi, nel loro insieme, lasciano una certa impressione nelle persone che conosciamo.

Per questo motivo, il percorso di questo libro prevede di individuare i tuoi punti di forza, gli aspetti che ti rendono unico e sui quali puoi provare a differenziare la tua persona.
Conoscere bene te stesso sarà la premessa indispensabile per comunicare in maniera efficace e rendere la prima impressione positiva, magari memorabile, in modo da influenzare a tuo favore le scelte delle persone con cui interagisci.
Il personal brand di David Beckham è la ragione per cui i suoi fan girano con le sue magliette o comprano i prodotti che sponsorizza, anche quando sanno bene di acquistare un falso!

Figura 1.3 – I condom David Beckham, primi nelle vendite in Cina ma prodotti senza il suo permesso (fonte: http://bit.ly/beckham-condoms).

Per cercare di sintetizzare il concetto abbiamo sviluppato una definizione di personal brand che, pur per certi versi concettualmente riduttiva, crediamo semplice e immediata: "Il personal brand è la ragione principale per cui qualcuno ci sceglie."
È il motivo per cui qualcuno ti chiede l'amicizia su Facebook, la ragione per cui ricevi una raccomandazione su LinkedIn, vieni suggerito a qualcun altro o trovi credito nell'essere ascoltato ogni volta che parli delle tue attività. Lo scopo nell'attuare un percorso di definizione e di sviluppo di personal branding è quello di delineare e costruire una strategia per identificare e comunicare il tuo valore in maniera chiara e consistente, soprattutto alle persone giuste.
Fare personal branding significa individuare o definire i tuoi punti di forza e comunicare in maniera efficace:

- cosa sai fare;
- come lo sai fare;
- perché sei migliore – o comunque diverso – rispetto ai tuoi concorrenti;
- quali vantaggi offri ai tuoi clienti;
- perché il tuo prezzo è quello giusto.

Il personal branding è il processo attraverso cui gli individui si differenziano ed emergono dalla massa, identificando e articolando ciò che li rende rilevanti per uno specifico gruppo di persone.
Quando questo avviene correttamente i clienti comprendono più in fretta i benefici che puoi offrire, e diventa più semplice attrarre persone interessate proprio a te: non ti scelgono sulla base del prezzo, ma perché si fidano di te e della tua reputazione.
Esattamente il contrario di quello che avverrebbe senza un brand rilevante: saresti percepito come uguale a tutti gli altri e quindi sottoposto a una competizione terribile!
Il tuo personal brand può essere inteso come un mix di reputazione, di comunicazione, di competenze, di capacità di rendersi visibili e di portare risultati e, soprattutto, di creare relazioni. Il tuo brand è quello che ti distingue realmente dai tuoi competitor ed è il motivo per cui i clienti arrivano e rimangono con te nel tempo.

Un motore che lavora per te

Il costo di vendita di un prodotto sta salendo velocemente. Pensa agli sforzi in termini di tempo e costi per ricercare e incontrare i clienti o acquistare pubblicità. Vendere richiede tempo e implica un alto tasso di fallimento, lo sa bene chi ha fatto il venditore porta a porta o il promoter finanziario. Considera la pubblicità televisiva, un tempo il modo principale usato dalle aziende per fare branding: la battaglia per attirare l'attenzione degli spettatori è diventata troppo onerosa.
Una ricerca condotta da Aegis ha evidenziato che raggiungere un quindicenne con un messaggio televisivo in prima serata può costare anche 400 euro! Ma al di là dell'aumento dei costi delle campagne in TV, un tempo, sparando nel mucchio, un certo ritorno dell'investimento era quasi garantito. Le ricerche attuali indicano invece che delle 500 pubblicità che un consumatore medio vede quotidianamente, soltanto una percentuale tra l'1% e il 3% viene ricordata chiaramente.

Complice anche la crescita di Internet e la moltiplicazione dell'offerta televisiva, i consumatori sono sempre più assuefatti e stanchi, dopo anni trascorsi nella parte di "vittime" delle promesse patinate e mai mantenute delle promozioni televisive e degli altri canali di comunicazione. I consumatori stanno cambiando, si affidano sempre meno a un unico *medium*, come la televisione o i giornali, frequentano nuovi e diversi spazi scegliendo di ascoltare solo i contenuti rilevanti e interessanti e, soprattutto, di saltare a piè pari gli spazi pubblicitari, che percepiscono come fastidiosi e inutili. In altre parole, le persone stanno iniziando a riappropriarsi del loro tempo e, con il crescere dell'offerta d'intrattenimento online, prestano meno attenzione e provano più insofferenza davanti agli invadenti tentativi di marketing delle aziende.

Oggi sono sempre di più i consumatori a comprare e non le aziende a vendere. Ma in questo rumore di fondo in cui persone, prodotti e servizi tendono tutti ad assomigliarsi tra loro, decidere è sempre più difficile. È necessario allora differenziarsi, rendersi rilevanti, spiegare da subito il motivo per essere scelti. Per questo le aziende investono così tanto sul branding, che di fatto è proprio il tentativo di "vendere anticipatamente". Il branding è la strategia più efficiente per veicolare un prodotto o un servizio: quando il brand conquista la mente dei clienti hai già effettuato una mezza vendita.

> *"Quando il brand conquista la mente dei clienti hai già effettuato una mezza vendita."*

Se parti dal presupposto di portare i migliori clienti a te, invece di andare a cercarli alla cieca spendendo un capitale in strumenti di marketing tradizionale e pubblicità, ti sarai già fatto un'idea di quanto sia possibile risparmiare sui costi e sui tempi di prevendita e di quante opportunità puoi invece attrarre identificando e comunicando il motivo per cui qualcuno dovrebbe sceglierti.

Inoltre, se possiedi un'ottima reputazione e sai spiegare bene i benefici che offri, potrai guadagnare molto di più dalle tue prestazioni o prodotti. È una sorta di premio che i clienti pagano per il comfort generato dal lavorare con una persona affidabile e per il tempo risparmiato nel cercarla e selezionarla.

Seguendo le strategie proposte in questo libro e utilizzando Internet come uno strumento tanto semplice quanto innovativo, imparerai a sviluppare e a diffondere il tuo brand, andando così a influenzare positivamente le scelte dei tuoi futuri clienti.

Ecco perché sviluppare un personal brand di successo può essere considerato come un motore che lavora per te e fa i tuoi interessi, spesso autonomamente, persino quando stai dormendo o sei in vacanza!

A chi serve il personal branding

Sviluppare un brand che comunichi efficacemente e in anticipo le tue competenze e difenda la tua reputazione è fondamentale quando hai una passione o un'attività personale da sviluppare o un impiego presso un'azienda che vuoi portare a un livello di eccellenza. Il personal branding può essere utile a chi cerca lavoro e a chi vuole migliorare la propria carriera. In un articolo del dicembre 2012, *The Wall Street Journal* l'ha indicato come uno dei quattro fattori *must have* del 2013.[18] Come vedremo, sono sempre di più le aziende che assumono persone fortemente riconoscibili, con un buon network di influenza, soprattutto se capaci di esercitarla sui social media a nome del datore di lavoro.
Questo volume, pur offrendo numerosi spunti, non si focalizza particolarmente sulla ricerca del lavoro, dove la letteratura è già ampia. Si concentra invece su professionisti, impiegati, imprenditori e manager che vogliono puntare sull'asset più prezioso che hanno a disposizione per raggiungere i loro obiettivi: se stessi.
Se ti sei interessato a questo argomento le ragioni possono essere molteplici:

- hai un sito, un blog o qualche attività online legata al tuo nome e desideri che decolli;
- hai una reputazione offline e vuoi estenderla in Rete per aumentare il tuo giro d'affari o la tua notorietà;
- hai una passione o una competenza specifica che ti rende esperto in un settore e vuoi che questo ti sia riconosciuto;
- sei un lavoratore dipendente e vuoi capire come migliorare la tua carriera;
- hai già un lavoro dipendente presso un'azienda, ma hai anche altre passioni che vuoi trasformare in un business parallelo;
- sei un manager o un imprenditore e vuoi attirare nuove opportunità per la tua azienda o migliorare la relazione con la stampa e gli influencer online del tuo settore;
- sei un freelance o un professionista e vuoi attirare clienti interessati a quello che sai fare meglio e senti il peso della competizione;
- sei un artista e vuoi capire come fare a differenziarti e a promuovere le tue opere, soprattutto online;

18. http://bit.ly/wsj-pb.

- vuoi imparare a difendere la tua reputazione online e controllare cosa le persone trovano su di te su Google e sugli altri servizi del Web.

Hazel Dooney è un'artista australiana molto celebre, con uno stile "molto particolare", già di per sé differenziato. Ma a rimarcare il suo posizionamento è stata la decisione di tagliare agenti e gallerie e occuparsi da sola del suo marketing e del contatto con i suoi fan esclusivamente tramite i social media e, in particolare, tramite il suo account Twitter[19] e il suo blog.[20]

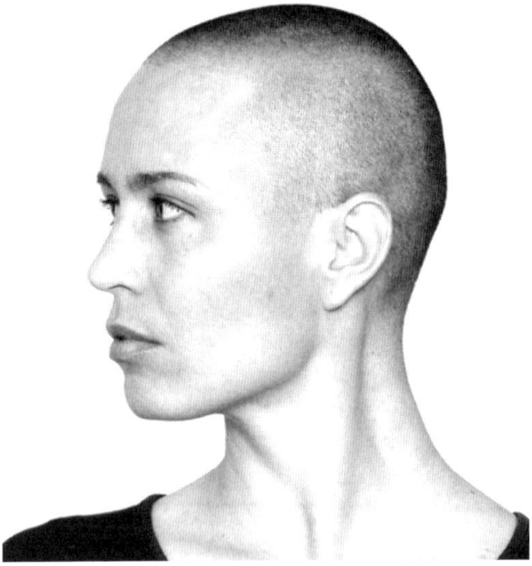

Figura 1.4 – Hazel Dooney in un recente autoritratto.

Il personal branding è l'ideale per tutti i professionisti quali dentisti, avvocati, medici, terapisti e architetti, ma anche cuochi, idraulici, elettricisti e tutte le figure tradizionali del mondo offline. Tutte professioni che spesso tendono ad assomigliarsi tra di loro e sulle quali sta avvenendo una terribile guerra dei prezzi. È utile anche per i freelance come designer e Web designer, programmatori, copywriter o community manager – che spesso operano da casa e devono impegnarsi sia nel lavoro sia nella ricerca clienti – così come per giornalisti, attori, cantanti, fotografi, artisti e autori, soprattutto se interessati ad aumentare i lettori, gli ascoltatori o gli acquirenti delle loro opere.

19. https://twitter.com/DooneyStudio.
20. http://hazeldooney.com.

Cristina Simone si occupa di social media e digital PR come freelance. In passato ha lavorato nell'ambito della comunicazione e dei social media per diverse agenzie e aziende. È molto attiva nei vari gruppi online di social media.

È stata l'ideatrice dell'iniziativa "No Free Jobs" che, online, ha fatto molto rumore in Italia. Questa iniziativa, lanciata attraverso l'hashtag *#nofreejobs*, aveva l'obiettivo di denunciare il malcostume di certe aziende di pretendere dai giovani (e non solo) di lavorare gratis o quasi.

No Free Jobs e il relativo hashtag sono presto diventati assai popolari, rimanendo nei trending topic italiani per una giornata intera e guadagnando così l'attenzione di diverse testate online.

Oggi l'iniziativa si è trasformata in un vero e proprio movimento di sensibilizzazione verso le problematiche generate dal lavoro gratuito e si avvale del supporto di una community molto attiva e attenta ai temi del lavoro e dell'occupazione giovanile. Nel frattempo, la giovane freelance si è affermata come professionista senza far venir meno la causa di cui si è fatta portavoce.

#nofreejobs

Gratis non si lavora. Si ozia.

Figura 1.5 – Il logo di "No Free Jobs".

Il personal branding in azienda

Il personal branding è utile anche in azienda, dove è stato spesso correttamente associato allo sviluppo di carriera o alle persone in cerca di lavoro. Inoltre, come già visto, i responsabili del personale e i cacciatori di teste verificano sempre di più la reputazione dei candidati tramite Internet: per questo è bene essere presenti nella maniera corretta.

Avere un brand personale ben definito è fondamentale anche se hai già un impiego che ti soddisfa e non hai intenzione di cambiarlo, ma vuoi portarlo a nuovi livelli. Chiunque lavori in un'azienda sa che la carriera non dipende solo dalle competenze. Non basta essere bravi. Anzi, spesso

capita che più sei bravo e ti concentri sul tuo lavoro, meno probabilità avrai di fare carriera! Perché?
La risposta è che mentre tu sei focalizzato sul lavoro, qualcun altro ha speso una percentuale del suo tempo nel fare marketing di se stesso, evidenziando e comunicando i suoi punti di forza e creando relazioni produttive con i colleghi. In questo non c'è niente di strano o sospetto: tutti preferiamo avere relazioni di lavoro (e non solo) con coloro che hanno una forte reputazione, che comunicano affidabilità e su cui possiamo quindi contare.
In ambito aziendale, una delle applicazioni meno intuitive riguarda lo sviluppo del personal branding per gli imprenditori, gli amministratori delegati, i venditori e i top manager. I vantaggi sono tipicamente legati all'aumento delle opportunità di business per l'intera azienda e al conseguente miglioramento dell'immagine aziendale nei confronti dei media e del pubblico, sia online sia offline. Questi brand possono essere affiancati a quelli delle aziende per cui questi professionisti lavorano e ai servizi e prodotti che le società offrono; possono diventare un prezioso veicolo di marketing: molte opportunità possono nascere grazie alla loro rete di influenza, alla loro reputazione e alla loro capacità di comunicare con chiarezza i propri punti di forza.
Perché, quindi, non diffondere in modo strategico un'immagine personale che possa generare più business, più vendite e più opportunità?
"Se volete analizzare un'azienda, leggete i suoi risultati finanziari. Se volete scoprire la sua vera anima, parlate con il top management."[21]

Ecco alcuni esempi in cui è possibile applicare il personal branding in azienda:

- un amministratore o un top manager è troppo spesso "dietro le quinte" e l'azienda desidera svilupparne il brand;
- un top manager ha un brand già sviluppato ma poco noto, e intuisce le opportunità della Rete;
- un imprenditore vuole farsi conoscere e aumentare la propria reputazione per favorire lo sviluppo della sua iniziativa e attirare i partner migliori.

Un esempio di chi ha saputo dare una voce personale e autentica alla sua azienda giunge dal più famoso blogger americano, Robert Scoble, autore di

21. Tradotto liberamente da "If you want to analyze a corporation, read its financial statements. If you want to plumb its soul, talk to its chief executive" Fortune 2000.

Channel 9,[22] primo blog ufficiale di Microsoft. Con il suo lavoro ha contribuito a far risalire l'indice di gradimento dell'azienda di Redmont, a quei tempi ai suoi minimi storici a causa dell'aggressiva politica di marketing. Partito come un blog testuale, si trasformò presto in un video-blog che raccoglieva interviste tra gli impiegati, mostrando a tutti progetti e opinioni, ma soprattutto evidenziando la nuova prospettiva dell'azienda. Da subito ebbe un grande successo: agli utenti piaceva molto poter commentare i post con le interviste degli sviluppatori e dei tecnici della Microsoft. Sia Steve Ballmer sia Bill Gates hanno sottolineato più volte come *Channel 9* abbia contribuito a trasmettere un'immagine più umana e aperta dell'azienda, oltre a costruire una migliore connessione con il suo pubblico.
Il progetto ha avuto l'effetto collaterale di lanciare il personal brand di Scoble, attualmente una delle celebrità più in vista dell'intero Web.

Se lavori per un'azienda è probabile che alcuni affari si siano concretizzati grazie a te, perché il cliente si fida di te e della tua reputazione ancora prima di quella della tua azienda. Non solo. In un'epoca in cui i dipendenti e i collaboratori, con il loro comportamento e la loro cultura, determinano la percezione dell'azienda da parte del cliente, si può dire che il brand di un'azienda sia fatto anche dalla somma dei singoli brand dei dipendenti.

I principali vantaggi del personal branding in azienda

Primo: migliora la percezione dell'azienda

Come il *Cluetrain Manifesto* sostiene sin dal 1999, i mercati sono fatti da esseri umani e non da target e segmenti demografici. Per questo motivo è consigliabile incentivare le conversazioni tra le persone, che si svolgono attraverso la voce degli uomini più che delle aziende.

> “*I mercati sono fatti da esseri umani e non da target e segmenti demografici.*”

Uno dei fattori principali del successo di un'azienda, di un servizio o di un prodotto è infatti la personalità di un brand. Eppure, anche nell'era del Web, la comunicazione delle aziende è spesso impersonale e priva di identità e, di conseguenza, della necessaria efficacia comunicativa. Sembra quasi che la passione e la personali-

22. Il nome stesso è tutto un programma: *Channel 9* era il canale aperto della United Airlines dove i passeggeri potevano ascoltare la conversazione radio dei piloti durante decollo e atterraggio: http://channel9.msdn.com.

tà che vengono trasmesse dalle persone con il proprio lavoro all'interno di un'azienda debbano essere nascoste. E invece, spesso, sono proprio le storie e le modalità con cui i rappresentanti dell'azienda si mettono a disposizione del loro pubblico a fare la differenza.

Un esempio significativo di come l'esuberanza di un vertice aziendale sia in grado di risultare vincente è quello di Dolce&Gabbana.
Durante un incontro con giornalisti, blogger e studenti al CAFA, la Central Academy of Fine Arts di Pechino, gli stilisti hanno deciso di limitare la tradizionale parte canonica in cui si ripercorre con enfasi la storia della propria carriera per lasciarsi andare a una performance improvvisata davvero unica. Hanno scelto uno studente a caso tra il pubblico e hanno realizzato in diretta un bozzetto di fronte alla platea estasiata.
Questo tipo di atteggiamento non dovrebbe rappresentare un fatto sporadico e un'eccezione, in fondo fa parte delle regole base delle relazioni pubbliche: i valori, le opinioni e le storie attribuite al management attirano l'attenzione dei giornalisti e dei lettori e si trasformano per le aziende in visibilità gratuita. La differenza è che, grazie a Internet, i mezzi di pubblicazione e di diffusione delle proprie attività non sono più legati solo ai media tradizionali e ai giornali, ma sono a disposizione di tutti.

Lo dimostra anche il caso di Robert Bowling, creative strategist presso Infinity Ward, la celebre società produttrice dei videogame della serie "Call of Duty", che vanta su Twitter più di 250.000 follower.[23] Lo stile delle sue comunicazioni è caratterizzato da umiltà, trasparenza e disponibilità. Il risultato è che, quando esce un post, i veri appassionati del gioco pendono dalle sue labbra, ascoltano con attenzione i suoi consigli e suggerimenti e si rivelano entusiasti di potersi relazionare direttamente con una persona così autorevole, più che con l'azienda.

Secondo: rafforza la fiducia di collaboratori, fornitori e partner

Per dirla con le parole di Leslie Gaines-Ross della Burson-Marsteller, autore del libro *CEO Capital: A Guide to Building CEO Reputation and Company Success*: "I consumatori oggi sono ancora più interessati all'autenticità del brand di un'azienda, e la reputazione del CEO è un elemento chiave.

23. twitter.com/fourzerotwo.

Esattamente come per ogni altro asset capace di portare nuovi ricavi, occorre investire, sviluppare e fare leva anche sulla reputazione del CEO."
Quando la reputazione di un manager, di un dirigente o di un amministratore delegato è così ben definita da imporsi come testimonial e garante della cultura aziendale, allora sarà possibile attrarre i migliori collaboratori e offrire più facilmente la credibilità nei confronti di partner e fornitori.

Un esempio illuminante è costituito dal caso di Tony Hsieh, CEO di Zappos,[24] il famoso e-commerce statunitense di scarpe. In un solo decennio, partendo da zero, la società è riuscita a raggiungere il valore di un miliardo di dollari, la cifra strepitosa che Amazon ha pagato per acquisirla, visto che, pur essendo leader del mercato dell'e-commerce, nella nicchia del settore delle calzature veniva quotidianamente battuta nelle vendite online.
Questo risultato è stato possibile grazie alla focalizzazione su un'idea fissa che veniva comunicata su tutti i canali, in particolare su Twitter e su un blog aziendale di altissimo spessore: fare profitto ottenendo allo stesso tempo la felicità dei clienti, dei dipendenti e dei collaboratori.
Per imporre la propria filosofia, Hsieh ha impiegato quasi interamente il budget previsto per il marketing nel servizio clienti e ha eliminato qualsiasi barriera di ingresso all'acquisto online,[25] anche a costo di rimetterci dei soldi. Ma così facendo ha generato un passaparola impressionante e, quando il CEO ha annunciato la vendita di Zappos ad Amazon in una lettera aperta a tutti i dipendenti, la sua strategia aziendale si evinceva chiaramente: "Le persone non ricordano esattamente ciò che hai fatto e ciò che hai detto, ma si ricorderanno per sempre di come le hai fatte sentire."

Terzo: favorisce il nuovo business

Questo è sicuramente uno dei vantaggi più importanti, ma non sono molti coloro che ne hanno compreso le potenzialità. Eppure è opinione diffusa che la maggior parte delle transazioni d'affari si chiudano proprio perché il cliente si fida della persona coinvolta e della sua reputazione, prima ancora di quella dell'azienda. "People buy People", si dice in America: le persone fanno business con chi conoscono e prediligono. E la fiducia è tutto. Ecco perché la presenza online di un

> *"Il cliente si fida della persona coinvolta e della sua reputazione, prima ancora di quella dell'azienda."*

24. www.zappos.com.
25. Per esempio le spese di restituzione.

esponente dell'azienda, anche se privata o apparentemente disinteressata, può ugualmente trasformarsi in una nuova opportunità.

È questo lo spirito che ha mosso Glenn Kelman, CEO della Redfin, un broker immobiliare online che opera negli Stati Uniti. In seguito a vari episodi di concorrenza sleale nei confronti della sua azienda, Kelman ha deciso di aprire un blog incentrato sulla denuncia dei tanti aspetti del business immobiliare non proprio edificanti. Sin dall'inizio, quel sito si è contraddistinto per la sua autenticità e per l'oggettività con cui l'autore faceva un'autocritica di se stesso e della sua azienda. I clienti hanno immediatamente apprezzato questa trasparenza e correttezza. Così, nel 2006, il business è decollato, crescendo anno dopo anno sempre maggiormente.

Ma si possono citare anche esempi italiani di queste strategie, come quello di Oscar Di Montigny, marketing manager di banca Mediolanum che tiene con grande passione un blog personale.[26] Il suo diario online ruota attorno al tema della riflessione: quella del manager e quella dell'uomo, ma si pone al di fuori dei confini dell'azienda. Dal sito emergono così i valori, la visione del mondo, gli aspetti personali e le storie che raccontano le caratteristiche umane di Oscar, invece di quelle prevalentemente aziendali. In questo modo vengono comunicati dei pensieri e delle prese di posizione che in altro modo sarebbero impossibili da conoscere sia per i suoi amici sia per i suoi collaboratori e clienti. E questo atteggiamento ha portato grandi vantaggi per la sua leadership e anche per la comunicazione verso l'interno dell'azienda.

Internet è il doping del personal branding

Marketing, branding, target, spot, posizionamento: sentendo questi termini molti provano immediatamente un senso di noia. Siamo ormai diventati quasi allergici a questo lessico.
Attraverso le sue 95 tesi, il *Cluetrain Manifesto* spiega come i mercati stiano cambiando molto più rapidamente delle aziende. Perché sono fatti di persone, non di "segmenti demografici". Parlano umano, si chiamano Mario, Paola, Francesca, Michele e non "risorse umane", "addetti", "prospect" o "target".
La Rete ha permesso ai mercati di riconquistare la loro natura originaria: spazi di aggregazione, interscambio, discussione dei prodotti e delle oppor-

26. www.oscardimontigny.it.

tunità. Ogni mercato è il luogo dei contenuti prodotti dai suoi stessi utenti, è contemporaneamente causa e conseguenza di questo fenomeno. Il Web, pervaso da una conversazione senza fine, diventa un luogo d'incontro dove gli utenti amano comunicare tra loro per scambiarsi opinioni e informazioni, siano esse un commento su un blog, una foto su Facebook o la preferenza espressa per un video su YouTube.

Con la Rete è nato anche il fenomeno della micro-celebrità: essere estremamente noti per un piccolo gruppo di persone, grazie alla propria presenza online.
Tramite un blog personale puoi per esempio:

- farti trovare: i blog sono molto considerati dai motori di ricerca e quindi è probabile che tu appaia fra i primi posti nei loro risultati in relazione alle ricerche sugli argomenti da te trattati;
- aggregare una comunità di appassionati dello stesso argomento;
- creare relazioni con i tuoi clienti e con la concorrenza;
- diventare un punto di riferimento, un'autorità sugli argomenti relativi alla tua passione o nel settore in cui lavori;
- creare una rete di contatti tra i tuoi clienti, che possono incontrarsi e conoscersi tramite il tuo sito.

Su Internet le regole di base per valorizzare se stessi non cambiano: occorre definire i propri punti di forza e comunicarli in maniera efficace.
Quello che cambia è che, online, tutte queste informazioni sono per tutti e sono facili e veloci da trovare, trasferire o referenziare. È come se, parafrasando le parole del celebre investitore online Yossi Vardi,[27] il tuo personal brand avesse preso gli steroidi!

Cosa non è il personal branding

"Migliaia di dipendenti mi conoscono solo per la mia reputazione, quindi nella pratica la mia reputazione è tutto." È quanto afferma David Pottruck, ex CEO della Charles Schwab.
Eppure il personal branding è spesso oggetto di fraintendimenti, anche a causa della diffidenza, a volte giustificata, nei confronti della pubblicità, del marketing e dell'autopromozione.

27. http://en.wikipedia.org/wiki/Yossi_Vardi.

Invece, come fa notare Rohit Bhargava,[28] il personal branding riguarda anche e soprattutto la reputazione. Mentre la reputazione non ha alcun problema di reputazione, perdonate il gioco di parole, il personal branding viene talvolta travisato e scambiato per pura promozione personale, nel tentativo di dare una falsa immagine di sé. Al contrario, è sempre e comunque l'autenticità a premiare.

> *"Il personal branding riguarda anche e soprattutto la reputazione."*

A scanso di equivoci, ci sono però alcuni miti sul personal branding che vale la pena sfatare.

- *Mito numero 1: il personal branding è quello che diciamo noi di noi stessi.*
  Le persone tendono a fidarsi molto di più delle esperienze e dei racconti dei clienti precedenti che delle dichiarazioni autopromozionali. In generale, le opinioni spontanee sono molto più efficaci di qualsiasi cosa possiamo affermare sui nostri servizi o prodotti. Il personal branding non è uno *status* che possiamo chiedere, ma ci viene conferito dagli altri sulla base della nostra comunicazione.
  Chris Brogan, autore, blogger ed esperto di marketing online, ha scritto: "La verità è che se sei costretto a dirmi che sei il migliore, allora significa che non lo sei. Se devi scrivere che hai vinto dei premi, allora hai paura che io non sappia che sei bravo. Se vendi il 'non so cosa' meglio nel mondo, allora smettila di parlarne! Dimmi come posso usarlo per diventare una superstar!"
- *Mito numero 2: fare personal branding significa dare un'immagine esagerata o falsa di sé.*
  I consumatori moderni sono ormai sufficientemente navigati e non si fanno abbindolare da proclami fittizi. In Rete è infatti davvero difficile promettere senza mantenere: basta farsi un giro sul Web per scovare scandali e casi eclatanti di persone e aziende che hanno mentito, mascherato o addirittura ingannato il proprio pubblico rovinandosi così la reputazione.
- *Mito numero 3: il personal branding è una questione di ego.*
  La parola *ego* è riconducibile spesso a un individuo arrogante, scorretto e pieno di sé. In verità tutti abbiamo un ego, ma un buon personal brand lo mette da parte concentrandosi soltanto sullo sviluppo della sua reputazione nel medio e lungo termine: il valore più importante che abbiamo, quello per cui la gente ci conosce ancora prima di stringerci la mano.

28. cent.lu/rohit_personality.

Nessuno oserebbe mettere in discussione l'importanza della reputazione, ma in qualche modo, per qualcuno, il concetto di personal brand è slegato da essa.

- *Mito numero 4: il personal branding è solo per le star.*
  Le star tengono in considerazione il loro brand più di ogni altra cosa: si differenziano, si rendono visibili e curano nei dettagli la loro comunicazione. Oggi, con Internet, le celebrità sono sempre più disponibili ad aprirsi e a rendersi fruibili dai loro fan, guadagnando nuove occasioni per la loro carriera e visibilità.
  Ma, allo stesso tempo, tutti hanno potenzialmente l'opportunità di diventare delle micro-celebrità, aggregando attorno a loro un pubblico che, anche se minimo, può offrire grandi opportunità.
  Se sei un esperto del tuo settore e riesci a esprimerti con la tua voce, hai la possibilità di diventare "famoso" per 1.000 o forse 2.000 persone.
  Un numero più che sufficiente per rendere sostenibile un'attività e permetterti di concentrarti su quello che ami veramente.

Una ricetta anticrisi?

Mentre scriviamo,[29] la fine dell'attuale crisi economica sembra lontana. Molte aziende da un lato diventano sempre più grandi attraverso accorpamenti strategici, dall'altro tagliano migliaia di posti di lavoro.
La situazione incredibile e caotica che stiamo vivendo costringe ciascuno di noi a prestare attenzione a come posizionarsi nel mondo del lavoro e a fare marketing di noi stessi: potrebbe diventare la chiave di salvezza nel momento del bisogno.
Di questi tempi, le persone che conosciamo si dividono in tre categorie:

1. coloro che hanno perso il lavoro per colpa della crisi e che sono alla disperata ricerca di una nuova occupazione;
2. coloro che hanno troppo lavoro per colpa della crisi, forse perché, istintivamente, si cerca di guadagnare il massimo prima dell'arrivo di tempi più magri o spesso perché i margini si stanno riducendo anche a causa dei clienti che, sfruttando gli effetti della crisi, non pagano e/o chiedono sconti impossibili;

29. L'aspetto forse più drammatico è che questo paragrafo è rimasto più o meno lo stesso rispetto alla prima edizione su cui abbiamo lavorato a fine 2009.

3. coloro che, apparentemente, non sono toccati dalla crisi. Anzi, spesso sono abili nello sfruttare i vuoti creati dal fallimento di altri business.

Questi ultimi stanno godendo i frutti della loro reputazione.
Soprattutto in tempi difficili, si tende a commissionare attività e progetti a persone la cui affidabilità è comprovata.

Come scrive Pamela Slim nel suo libro *Escape From Cubicle Nation* ("Scappa dalla nazione dei cubicoli" fa riferimento ai micidiali uffici open-space) il mondo del lavoro, almeno nelle grandi aziende, è cambiato: neppure le gigantesche multinazionali offrono più la sicurezza di un tempo. Secondo l'autrice, la vera soluzione passa attraverso il lavoro autonomo, sostenuto da un solido brand.
Alla domanda: "Ma non è folle far partire un business proprio con questa economia?" la risposta di Pamela è: "In questo periodo sono tutti lì ad aspettare spaventati mentre, nel frattempo, si stanno creando molti spazi in mercati poco frequentati.

"*Soprattutto in tempi difficili, si tende a commissionare attività e progetti a persone la cui affidabilità è comprovata.*"

Nel caso sfortunato in cui ti ritrovassi senza lavoro, è molto meglio aver fatto partire una propria attività parallela che spendere tutte le energie nel tentativo inutile di recuperare il proprio impiego."

Cose che puoi fare oggi

Dopo aver letto questo capitolo potresti:

1. Chiederti cosa ti rende veramente unico, cosa rappresenta meglio la tua personalità.
2. Chiederti quali siano le tue vere passioni: cosa ti diverte fare davvero?
3. Domandare ai tuoi amici e conoscenti qual è la prima cosa che viene loro in mente pensando a te. Quale competenza o valore ti attribuiscono?
4. Identificare gli strumenti che usi attualmente per pubblicizzare la tua competenza.
5. Se non lo hai mai fatto, cerca su Google un blog che parli della tua passione o area di competenza e scrivi un commento cercando di creare una relazione con l'autore.

CAPITOLO 2

VISIBILITÀ, ABILITÀ E DIFFERENZE RILEVANTI

Nel mondo esistono migliaia di brand. Tutti aspirano a conquistare attenzione e fiducia nella mente dei consumatori, tutti cercano di primeggiare e di differenziarsi dalla concorrenza in modo da rendersi unici e insostituibili.
Molte strategie che hanno fatto nascere e affermare i migliori marchi possono essere analizzate per delineare alcune linee guida da seguire per sviluppare il tuo brand personale.

Possiamo considerare un brand come la somma dei sentimenti, dei pensieri e delle percezioni positive o negative che le persone hanno su un determinato prodotto, servizio o azienda a cui il marchio è associato.
Creare un brand significa, di fatto, delineare una personalità, costruire una relazione con gli interlocutori di riferimento, produrre delle rappresentazioni sotto forma di aspetti visuali (simboli, loghi ecc.) e di storia, a cui le persone possano legarsi ed eventualmente riconoscersi. Dopo aver fatto tutto questo, occorre monitorare e rafforzare costantemente la relazione con queste persone.
Quindi, sviluppare un personal brand costa. Talvolta non per forza in termini economici – molti degli strumenti su Internet sono gratuiti – ma soprattutto in termini di tempo e di impegno profuso.
In ogni caso una strategia di branding permette di ridurre il rischio di comunicare nella maniera sbagliata e di creare delle rappresentazioni non adatte, che possono essere fraintese generando pericolosi equivoci nella mente dei clienti.

Tre grandi delusioni

Peter Montoya apre il suo libro *The Brand Called You* con una provocazione tanto brutale quanto tristemente vera. Nel modo di condurre il proprio business personale le persone commettono degli errori così grandi e grotteschi che l'unico modo di chiamarli è *delusioni*. Perché tali diventano alcune convinzioni:

- **Convinzione numero 1**
  Al pubblico interessa il mio servizio.
- **Delusione numero 1**
  Il pubblico non sa neppure che esisti!

Un'amica, per esempio, ha aperto un'attività di catering per feste private. Dopo aver lavorato in aziende del settore per anni e aver maturato competenze ed esperienze sul campo, ha deciso di fare il grande salto aprendo un'attività tutta sua. Con molti sforzi, ha acquistato il necessario e iniziato un'attività promozionale attraverso annunci sui giornali locali, un bel sito Internet e un'attività door to door nella sua zona. Il suo impegno e i suoi sacrifici sono stati riconosciuti da così pochi clienti che si è vista costretta a chiudere l'attività per ritornare alle dipendenze del suo ex capo.

- **Convinzione numero 2**
  I miei servizi sono migliori di quelli dei miei concorrenti.
- **Delusione numero 2**
  Offrite più o meno tutti la stessa cosa!

È quello che accade spesso ai piccoli bar: ne spuntano di nuovi in continuazione, a volte anche vicini tra loro, senza un'identità né uno stile preciso. Non offrono alcun incentivo particolare, né organizzano serate o eventi. Però si aspettano che tutti vengano a sapere della loro apertura, forse grazie a qualche strano fenomeno telepatico. Non sorprende che, nelle grandi città, dove la concorrenza è spietata, ogni anno aprano e chiudano centinaia di esercizi commerciali!

- **Convinzione numero 3**
  La mia competenza conta più della mia visibilità.
- **Delusione numero 3**
  La competenza è necessaria, ma non sufficiente.

La visibilità è, come minimo, altrettanto importante. Se punti tutto sulle tue capacità senza dedicarti alla promozione, rischi di non raggiungere i contatti necessari per rendere sostenibile e profittevole la tua attività.

Hai mai provato a cercare un professionista sulle Pagine Gialle? Ti dovrai barcamenare tra decine e decine di annunci tutti uguali tra loro! Come fai a scegliere?
Di solito si telefona a un paio di nominativi scelti a caso oppure sulla base del miglior prezzo o della loro reperibilità. Probabilmente si tratta della peggiore modalità per essere selezionati: non sono le tue competenze e il tuo valore a determinare la scelta del cliente, ma un confronto approssimativo e non informato con i tuoi concorrenti.
Entrare nel mercato senza pensare a un modo per rendersi visibili e facilmente identificabili rappresenta un grande rischio. Puntare sul fatto che prima o poi le tue competenze verranno notate o aspettare che il mondo si renda conto del reale valore delle tue attività è come giocare un numero alla roulette e sperare che esca al primo tentativo.

> “*La visibilità è un modo per far entrare i clienti dalla porta, la competenza è il modo per farceli rimanere.*”

Non è un caso se ci capita spesso di sentire dire ai nostri amici e contatti: “Ho aperto un blog, un sito o un negozio online, ma non ricevo visite né ‘Mi piace’ o commenti. Cosa faccio?”

Riassumendo: la visibilità è un modo per far entrare i clienti dalla porta, la competenza è il modo per farceli rimanere.
Quello che ti rende unico è la chiave per il tuo successo.

Lionel Messi è meritatamente il calciatore più popolare e conosciuto del pianeta. Quella che sicuramente è meno nota è la sua storia personale sulla quale è stato realizzato un bellissimo video promozionale dal principale sponsor dell'atleta argentino. Nonostante si intuisse fin da quando era bambino che Messi avesse la stoffa di un fuoriclasse, allenatori e visionatori nutrivano molti dubbi sul fisico del ragazzo che, a causa di un basso livello di ormoni della crescita nel suo organismo, mostrava evidenti ritardi nello sviluppo osseo.
Il trattamento medico consigliato era troppo costoso per la famiglia, ma il ragazzo credeva fortemente nel suo futuro da calciatore e sviluppò il suo talento attorno ai suoi limiti: una grandissima tecnica e una grandissima agilità che sfruttano la sua statura e il suo fisico esile. Col supporto di una fondazione di aiuto alle famiglia in difficoltà Messi giocò in un paio di squadre prima di convincere il Barcellona, impressionando tutti a suon di gol e giocate. Pare che nel primo contratto con il club catalano, firmato simbolicamente in prima battuta su una salviettina, fossero comprese anche le spese per continuare il trattamento medico di cui Leo necessitava.

Pensiamo a Gary Vaynerchuk, il "Social Media Sommelier" che ha trasformato la rivendita di alcolici di famiglia, che aveva delle entrate annuali di 2 milioni di dollari, in un'industria di respiro nazionale con un fatturato di 50 milioni di dollari! Questo successo è avvenuto principalmente grazie a un video-blog, il celebre *Wine Library TV* nel quale parla di vino, presenta nuovi prodotti e offre consigli sui migliori abbinamenti enogastronomici.
La caratteristica principale che rende Gary unico e per certi versi inimitabile è la passione che trasmette nello spiegare in maniera semplice un argomento come il vino, in America considerato un po' snob e non certo per tutti.
La sua passione traspare in modo evidente nei suoi filmati: usa un linguaggio diretto, talvolta un po' troppo colloquiale, ma semplice e molto efficace. Ascoltandolo e leggendo i suoi testi si percepisce immediatamente quanto tenga al rapporto diretto con i suoi clienti, anche quelli che continuano a chiedergli quotidianamente quale vino associare al pesce.
Utilizzando gli strumenti del Web 2.0, Gary ha l'opportunità di comunicare tutto questo al mondo intero. La passione nei suoi interventi e la comunità di persone che raccoglie lo hanno presto fatto diventare un oggetto di interesse per la blogosfera,[1] finché anche i media tradizionali hanno parlato di lui. È stato così invitato a innumerevoli show televisivi e il suo brand è andato alle stelle.

Figura 2.1 – Gary Vaynerchuk e il suo primo libro *Buttati*, tradotto in italiano da Sperling & Kupfer (2010).

1. L'insieme di tutti i blog della Rete.

Gary è così convinto dei benefici del personal branding applicato al proprio business, che spende moltissimo tempo a cercare di convincere i suoi lettori a seguire le proprie passioni, coltivare i propri talenti e costruire un'attività in maniera similare. Molto significativo è stato il suo intervento alla famosa conferenza Web 2.0 Expo del 2008 in cui provocatoriamente ha dichiarato: "Il tuo vero capitale sei tu, con tutto quello che ti rende speciale ora. Smettila di farti del male facendo un lavoro che non ti piace. Una crisi è una cosa fantastica: anche il palazzo dove stiamo ora, domani potrebbe non esistere più. Pensa a quante nuove opportunità!"[2]
La storia di Gary dimostra che quello che ti rende unico è la chiave per il tuo successo, come recita William Arruda, esperto americano di personal branding. La vera ricchezza, in un mondo in cui tutti si assomigliano un po' troppo, è la singolarità.

"*La vera ricchezza, in un mondo in cui tutti si assomigliano un po' troppo, è la singolarità.*"

Susannah Breslin[3] è una blogger di Forbes molto apprezzata da Luigi che porta all'eccesso questo ragionamento con una provocazione. In un suo recente articolo[4] suggerisce addirittura di concentrarsi solo su quello che si sa fare meglio: "Forse è proprio quando ci dedichiamo a ciò che ci riesce facile realizzare che raggiungiamo il successo. Quando ero bambina, per esempio, mio nonno mi diceva che avrei dovuto scrivere i testi delle cartoline per Hallmark. A suo modo mi consigliava di diventare copywriter e oggi ho guadagnato più con questo lavoro che non se avessi fatto la rapinatrice di banche. Sai perché? Perché mi risulta naturalmente facile essere una valida copywriter. Allo stesso tempo trovo più difficile scrivere post sul mio blog, completare parti di romanzi e generare traffico per siti di cui non ho creato i contenuti.
Recentemente ho letto alcune note secondo le quali dovremmo riuscire a ricordare tutto ciò che facevamo da bambini e provare a farlo anche da adulti. Perché, il più delle volte, tutto questo per noi non è altro che un gioco. E un gioco è sempre la cosa più divertente. Pensate a come è bello poter essere pagati per giocare."
A volte questo meccanismo funziona anche quando non si ha proprio più nulla da perdere. Ted Williams è *The Golden Voiced*,[5] il senzatetto dalla voce radiofonica che, per l'effetto virale di YouTube, in una manciata di giorni

2. http://tinyurl.com/garykey.
3. http://blogs.forbes.com/susannahbreslin.
4. www.forbes.com/sites/susannahbreslin/2012/03/14/how-to-be-successful-without-really-trying.
5. http://cent.lu/golden-voiced.

è arrivato all'attenzione di un pubblico enorme. Disperato, ha perso tutto, risorse e famiglia, ma non la sua voce impostata da attore.

Mentre raccoglieva qualche soldo ai semafori in cambio di una breve declamazione, un passante lo ha notato, lo ha filmato e ha postato il video su YouTube. Il filmato in pochi giorni è esploso e, grazie alla popolarità acquisita, l'uomo è stato sottratto alla strada e lanciato come speaker radiofonico sotto contratto. Siamo andati a vedere come stava un anno dopo, e lo abbiamo trovato impegnato in numerosi progetti, tra cui alcuni anche dedicati alla beneficenza.

Non può esserci identità se non c'è differenza

Il buon senso ci dice che vincere la competizione significa fare le stesse offerte dei concorrenti, ma in maniera migliore. Basterebbe quindi copiare ciò che fanno i competitor e cercare di farlo più in fretta, a costi inferiori e con una migliore qualità.

Purtroppo questo non sempre è sufficiente. Se il tuo obiettivo è quello di far capire al cliente che non esiste nulla di simile a te sul mercato, che sei unico e diverso da tutti gli altri, il modo migliore per raggiungerlo non è certo quello di confonderti con la massa. In un mondo in cui tutti finiscono per assomigliarsi, impostare il proprio brand e differenziarsi è fondamentale per guadagnare visibilità.

Figura 2.2 – Una divertente confusione dei marchi originali dei prodotti con quelli dei competitor.

Immagina di guidare per una strada di campagna e vedere una mucca viola! Non sarebbe un evento stupefacente e soprattutto memorabile?
È proprio quello che fa notare Seth Godin nel suo best seller dal titolo *La mucca viola. Farsi notare (e fare fortuna) in un mondo tutto marrone.*[6] La chiave del successo è quella di differenziarsi dagli altri con un elemento o un particolare che sia prima di tutto memorabile, ma anche parte intrinseca di te; per esempio una competenza o un talento, una caratteristica unica, un premio vinto o la partecipazione a qualcosa di straordinario.

> *“Uno dei modi migliori e più semplici per posizionarsi è quello di specializzare la propria offerta.”*

Come fare allora a distinguersi? E come fare a differenziarsi partendo da un fattore che sia anche rilevante, utile e degno di attenzione per i nostri interlocutori?
Ovviamente non tutti i fattori di differenziazione sono rilevanti né influiscono sul processo di acquisto dei nostri prodotti o servizi e sono in grado di farci scegliere per una determinata iniziativa o un determinato progetto.
Uno dei modi migliori e più semplici per posizionarsi è quello di specializzare la propria offerta. Questa è la strategia su cui lavorano quotidianamente le aziende vincenti, consapevoli di operare in un mercato sempre più saturo e ad alta competitività.

Fare meno per farlo meglio

La specializzazione è una delle strategie di branding più importante, tanto che è la prima legge descritta nel libro di Al Ries e Jack Trout, *Le 22 immutabili leggi del marketing.*[7] La specializzazione è uno dei fattori fondamentali di quello che viene definito *positioning marketing*, ossia il posizionamento strategico del brand all'interno del sistema competitivo di cui fa parte. Il positioning è fondamentale soprattutto per professionisti e artisti, ma può essere importante anche per i manager. In ogni caso, come vedremo, da solo non basta, vanno aggiunte le strategie di cui ci occuperemo nei prossimi capitoli.

In un mondo nel quale la parola chiave per tutti è *espandersi*, una delle migliori soluzioni è, in realtà, fare esattamente l'opposto. Restringere il proprio *focus* significa concentrarsi al meglio su quello che si è più bravi a fare, ottenendo così forti vantaggi in termini di efficienza o di risparmio. È

6. Godin Seth, *La mucca viola. Farsi notare (e fare fortuna) in un mondo tutto marrone*, Sperling & Kupfer, Milano 2004.
7. Al Ries e Jack Trout, *Le 22 immutabili leggi del marketing*, Anteprima Edizioni, Torino 2009.

un processo di semplificazione che rispetta il modo in cui funziona la nostra mente: quando a un brand associamo tante tipologie di prodotti o servizi si genera confusione e il marchio perde gran parte del suo potere nella mente dei possibili clienti.
Le grandi marche lo sanno bene e puntano a fornire a ogni classe di prodotto il suo specifico brand. Se, per esempio, pensiamo a nomi come Lipton, Algida, Calvé, Knorr, Findus, Lysoform, Svelto o Mentadent, la maggior parte delle persone riesce, senza sforzo, ad associare immediatamente le tipologie di prodotto collegate a questi brand. Quello che forse non tutti sanno è che questi brand appartengono alla stessa grande azienda, la Unilever,[8] una multinazionale anglo-olandese proprietaria di molti tra i marchi più diffusi nei settori del food e dei casalinghi.
Pensate alla confusione che si verrebbe a generare se al supermercato trovassimo tanti prodotti contraddistinti da un unico grande marchio, privo di personalità per la massa, tipo l'Unilever for men e la salsa maionese Unilever![9]
Allo stesso modo:

- Preferiresti mangiare i biscotti Barilla o i *Pan di stelle*?
- Preferiresti bere l'aranciata Coca-Cola o la *Fanta*?
- Preferiresti acquistare una console Microsoft o un *X-Box*?

Un errore comune a molte aziende è quello di affiancare il marchio a innumerevoli prodotti o servizi, spesso eterogenei tra loro e soprattutto non appartenenti alla stessa categoria. In questo modo il marchio perde progressivamente la propria forza nella mente dei consumatori, e i nuovi prodotti perdono molto del loro appeal commerciale. Sono numerose le aziende che non resistono all'idea di espandere la loro offerta nel tentativo di sfruttare un marchio forte per altre categorie di prodotti o servizi. Sull'onda del successo di uno o più prodotti si sentono istintivamente portate a estendere la loro linea, anche se, come rilevato da Laura Ries,[10] questa strategia fallisce nel 90% dei casi in cui viene applicata!

Così come un marchio non può avere lo stesso potere nella mente di ogni persona in tutte le condizioni, anche il tuo posizionamento non può essere generico.

---

8. Una lista più ampia si trova a questo indirizzo: http://it.wikipedia.org/wiki/Unilever.
9. In realtà anche Unilever è un brand: quando i negozianti si vedono arrivare un loro nuovo prodotto, sanno che sarà un successo di vendite. Negli ultimi anni, inoltre, l'azienda ha evidenziato il suo marchio anche sui prodotti, molto probabilmente per aumentare ulteriormente la fiducia nei consumatori.
10. http://tinyurl.com/errore.

Potresti obiettare: ma così non riduco la possibilità di fare affari? Se mi precludo dei possibili clienti e privo la mia offerta di alcuni servizi o prodotti, non rischio di perdere fatturato e opportunità?
Forse lavorando in un ambiente chiuso e limitato potrebbe essere così. Ma Internet, di fatto, rende globale ogni business. E lo spazio e il tempo che hai a disposizione per trasmettere il tuo valore sono sempre meno, vista la quantità di informazioni a cui sono sottoposti i tuoi possibili clienti. Per questo motivo, nella tua comunicazione è opportuno concentrarti sempre su quello che ti rende differente e rilevante: saranno poi i clienti a chiederti altri servizi e, a quel punto, deciderai se offrirli o meno.

> *“Nella tua comunicazione è opportuno concentrarti sempre su quello che ti rende differente e rilevante.”*

Considera inoltre che la specializzazione offre vantaggi irrinunciabili:

- lavori con maggior efficienza perché ti concentri sulle tue migliori capacità e hai modo di realizzare numerosi progetti in una specifica area, diventando sempre più competente e competitivo;
- diventi più facile da ricordare e da associare a una determinata esigenza di mercato;
- più sarai focalizzato su una particolare area, più sarai percepito come un esperto e potrai vendere meglio le tue competenze esclusive;
- se credi nella specializzazione che hai scelto e ritieni che questa possa offrire un grande vantaggio ai tuoi clienti, questi ultimi potranno percepire la tua passione come un elemento positivo, non sempre diffuso nel mondo del lavoro;
- è più semplice comunicare quello che sai fare ai tuoi clienti. Loro stessi ti cercheranno in merito a specifiche esigenze, evitando così di farti perdere troppo tempo nella prevendita;
- puoi ottimizzare le tue azioni di comunicazione risparmiando tempo e denaro.

Essere i primi

Far nascere un brand è sempre una sfida che presenta parecchie connotazioni emozionali e psicologiche legate ai meccanismi mediante i quali la nostra mente è affascinata da idee, cose o persone. I migliori sono nati quasi naturalmente, soprattutto nel caso dei brand personali.

Consideriamo i seguenti marchi:

- Scotch possiede l'intera categoria del nastro adesivo, che prende il suo nome;
- Gore-Tex è il marchio leader dei tessuti impermeabili e traspiranti;
- Post-it è il nome con cui si indicano tutti i foglietti adesivi;
- Jeep è diventato il simbolo di un'intera categoria di auto.

Che cosa hanno in comune questi brand? Semplice: sono stati i primi!
Prima della Coca-Cola, nella mente dei consumatori non esisteva neppure il concetto di "bevanda alla cola". Così come nessuno conosceva le foto istantanee prima che Polaroid iniziasse a commercializzare il suo procedimento di stampa rapida.

Ma se non si è stati i primi, come si fa a dominare una categoria?
In questo caso potrebbe essere conveniente inventarsi qualcosa di nuovo.
È possibile provare a farlo restringendo la tua categoria, aggiungendo un concetto o un attributo unico e di valore che esprima il modo con cui solo tu fai una certa cosa. In questo modo hai l'opportunità di creare, dal nulla, una nuova categoria e sarai il primo a farlo.

Ricorda: l'effetto della specializzazione è quello di possedere un singolo concetto, un attributo nella mente dei propri clienti.
Non basta produrre auto. Occorre produrre auto prestigiose come Mercedes, puntare sul concetto di sicurezza come Volvo o creare vetture esclusive come Lamborghini.

Spesso le migliori idee nascono semplicemente associando due elementi tra loro. Considera per esempio il business degli ebook. Fino a poco tempo fa non esisteva.
Giacomo Bruno[11] ha sempre avuto una grandissima passione per la formazione. Da qualche tempo pubblicava online dei corsi dedicati alla formazione nell'ambito della crescita personale. In seguito ha iniziato a offrire ebook di altri autori su temi differenti. In breve è nata l'idea di creare una casa editrice. Ma di case editrici ce ne sono tante, così com'è altissimo il numero di libri pubblicati e invenduti. Per questo ha deciso di specializzarsi e di creare la sua personale categoria: ha aggiunto alla parola *ebook* l'attributo *formazione* sfruttando la natura elettronica del libro. Adesso è il leader italiano in questo settore e possiede una sua casa editrice che, guarda caso, si chiama Bruno Editore![12]

11. http://tinyurl.com/brunopmi.
12. www.brunoeditore.it.

Figura 2.3 - Heidi Busetti.

Heidi Busetti[13] è una ex-giornalista in ambito di matrimoni con la passione della scrittura, del Medioevo e delle biografie. La donna ha così inventato una categoria completamente nuova: la *Wedding Reporter*. Partecipa ai matrimoni dei suoi clienti come un'invitata, ma in realtà è una reporter in incognito. Il suo mestiere è quello di raccontare la dimensione umana del matrimonio, narrando ciò che gli sposi e il loro mondo hanno vissuto e condiviso.

I reportage non sono il vero valore aggiunto di Heidi. In realtà la donna offre agli sposi una fotografia di tutta l'emozione che gravita attorno a loro, offre le storie di parenti e amici che, nel raccontarle, diventano loro stessi protagonisti: è come se rendesse la cerimonia eterna. E alcuni suoi reportage sono diventati dei libri per la casa editrice Arpanet di Milano.

13. http://www.heidibusetti.com.

Inventarsi una nuova categoria è il modo migliore per diventarne i leader e godere dell'effetto Superstar.[14] Con questa espressione si indica il premio sproporzionato in termini di reputazione, il rispetto e la notorietà che raggiunge un individuo anche solo leggermente più bravo degli altri all'interno di una élite estremamente competitiva. Pavarotti, per esempio, il cui do di petto era giudicato di poco migliore e comunque peculiare e quasi sorprendente rispetto a quello di Florez. O Tiger Woods, il giocatore di golf che, nei tempi migliori, realizzava magari un colpo in meno degli altri a giro, ma non certo dieci. Eppure, entrambi guadagnavano 10 volte di più dei loro rivali.

Ma puntare tutto sulla competenza, oltre che estremamente difficile, può essere molto rischioso. Anche perché, grazie a Internet, la competenza è facilmente replicabile e la qualità è data sempre per scontata da clienti e prospect. Per un individuo, inoltre, differenziarsi sulla qualità è tanto pericoloso quanto per un'azienda differenziarsi sul prezzo. Come avviene per esempio nel caso di molte società assicurative o di alcuni operatori telefonici.

Questo teorema ha un suo corollario: l'effetto Superstar regge anche se il campo in cui si è esperti non è poi così affollato, competitivo o conosciuto.
Un esempio è quello di uno studente ammesso a Stanford che, a differenza dei soliti studenti capitani in almeno tre sport diversi e con valutazioni eccezionali, aveva concentrato tutti i suoi sforzi extra-scolastici in un progetto legato alle energie alternative, guadagnandosi più volte l'attenzione dei media.
Per questo è bene concentrarsi al meglio su quello che si è più bravi a fare, ottenendo così forti vantaggi in termini di efficienza ed efficacia.

I risultati più interessanti si ottengono quando più competenze o passioni sono concentrate in una sola persona. Invece di essere semplicemente un architetto uguale ad altri, si potrebbe avere la passione per l'impegno sociale e per l'ambiente. Ed è quello che ha fatto Camillo Magni, professore presso la facoltà di Architettura dell'Università di Milano e Presidente dell'Associazione Architetti senza Frontiere Italia:[15] un architetto con il sogno di costruire case a basso impatto ambientale, restando sotto i 2.500 euro per soddisfare le esigenze delle persone meno abbienti.

14. cent.lu/effettosuperstar.
15. www.asfitalia.org.

Personalità inclusa

In molti casi il fattore che ti può differenziare dagli altri non è necessariamente qualcosa di tecnico o legato a delle particolari competenze, ma abbraccia anche altri elementi. Il patron Virgin Richard Branson, con le sue innumerevoli iniziative, o la pop star Madonna, che da quando è diventata famosa ha saputo rinnovarsi anno dopo anno, potrebbero per esempio essere visti come eccezioni alla regola della specializzazione. Ma non è così. Perché Richard Branson è una figura fortemente associata al coraggio, mentre Madonna alla libertà d'espressione. In questi casi, perciò, la differenziazione è avvenuta tramite altri fattori, che si possono rivelare molto importanti.

Gary Vaynerchuk ci insegna anche un'altra cosa: alla base di un brand potente c'è sempre una forte personalità. Quello che non si capisce, invece, è come mai tutta la comunicazione delle aziende sia tanto impersonale. Sembra che la personalità sia qualcosa di cui vergognarsi.

Quante volte ti sei demoralizzato a causa dell'assistenza automatica al telefono di un prodotto o di un servizio, per esempio per la tua linea ADSL o per il tuo operatore telefonico? Prima che ti risponda una persona in carne e ossa devi digitare una decina di tasti per opzioni che non corrispondono mai alle tue esigenze!
Lo stesso discorso vale per la manualistica e la comunicazione di prodotto, sempre neutra, senza carattere né personalità: di conseguenza senza efficacia comunicativa.
Sembra che le aziende facciano di tutto per togliere la personalità alla loro comunicazione, ma anche per eliminare qualsiasi interazione con il pubblico.

> *“La personalità è ciò per cui il brand esiste ed è forte.”*

Eppure cosa ci piace? Cosa ricordiamo?
Ricordiamo le belle storie, quelle che magari si nascondono dietro un prodotto o dietro la nascita di un'impresa. È attraverso le emozioni personali che queste storie suscitano che le imprese riescono a conquistare l'attenzione.
La personalità è ciò per cui il brand esiste ed è forte, come sostiene anche Rohit Barghava nel suo libro *Personality not included*;[16] la personalità dimostra autenticità e unicità, requisiti fondamentali per un brand.

16. www.personalitynotincluded.com.

A parità di competenze, inoltre, la tua personalità può diventare il fattore critico sulla base del quale qualcuno deciderà se scegliere te invece di un altro.
Nei vecchi libri di marketing personale ti insegnavano a cambiare radicalmente la tua immagine, a vestirti in modo elegante e a parlare piano, con educazione, senza eccessi. Insomma, come renderti completamente neutro. Ma nessuno si ricorda di una persona del genere!

Il tuo brand sarà più coinvolgente se è pervaso dalla tua personalità: non a caso è *personal*: parte da te, dalla tua storia ed è ciò che ti rende speciale e così diverso dagli altri. Vediamo alcuni punti chiave seguiti da esempi.

1. *La propria storia professionale*, cioè le esperienze pregresse in settori diversi, magari all'estero e poi gli studi, le credenziali o il titolo aziendale.
   Leonardo Felician, per esempio, amministratore delegato di Genialloyd, è autore di quattro libri e ha pubblicato più di un centinaio di articoli relativi al settore assicurativo; inoltre è giornalista pubblicista e membro dell'Unione Italiana Giornalisti Scientifici e scrive su quotidiani e periodici nazionali. Oltre a gestire un sito personale, si è recentemente avvicinato a Twitter[17] e a Facebook. Con questi strumenti è riuscito a superare le barriere aziendali per comunicare e dialogare con i clienti instaurando con loro un proficuo rapporto di fiducia diretto. Per Genialloyd, che dichiara di essere la prima compagnia di assicurazioni in Italia per ROE[18] e leader indiscussa nella customer satisfaction, questo è un ottimo esempio di coerenza.
   Felician ha dichiarato: "Di idee buone ne abbiamo tutti cento al giorno, ma non tutte poi diventano realtà, perché c'è un mercato che le seleziona: ciò che conta è il giudizio che il pubblico ne darà."
2. *Il proprio stile di vita e le proprie passioni*, cioè il modo di vestirsi, la passione per l'arte, lo sport, la cucina, la tecnologia o l'ecologia.
   Marco Roveda,[19] vincitore per l'Italia del premio "Social Entrepreneur of the year" e insignito del riconoscimento dalla Schwab Foundation per l'innovazione sociale, ha rivoluzionato il settore biologico in Italia fondando le iniziative LifeGate Radio e Impatto Zero. Il suo messaggio è basato sul modello delle 3 "P" di *People*, *Planet* e *Profit*, ed esprime

17. twitter.com/lfelician.
18. http://it.wikipedia.org/wiki/Return_on_equity.
19. www.lifegate.it/it/eco/lifegate/marco_roveda.

la possibilità di intraprendere un nuovo stile di vita e di business in armonia con la natura e con gli altri.

3. *Il proprio stile di management* e la capacità di mettersi in ascolto, di credere in un particolare modello organizzativo, di favorire una specifica cultura aziendale, di gestire la comunicazione su più canali, di rendersi reperibili dal pubblico, di utilizzare un linguaggio pragmatico, uno stile diretto e immediato o indiretto e formale.
Il discusso Sergio Marchionne ha tre lauree, in Filosofia, Economia e Commercio e Giurisprudenza. Ha un master in Business Administration ed è commercialista e avvocato. Come lui stesso dichiara, il suo metodo[20] è quello di "non avere metodo". E questo significa anche "rovesciare il tavolo ogni volta che si renda necessario." In tutto quello che fa e dice Marchionne esprime determinazione, costanza e franchezza in modo da generare fiducia e stima in chi lavora per lui, aumentando la sua leadership. Si distingue anche per l'accortezza nello scegliere i suoi collaboratori: per lanciare il nuovo modello di Cinquecento negli Stati Uniti ha infatti scelto, guarda caso, Laura Soave,[21] donna e italoamericana di prima generazione.

4. *Le proprie idee, valori, vision e mission*, in altre parole: vivere e lavorare secondo alcuni principi o valori, per esempio: la tradizione, l'uguaglianza sociale, le pari opportunità, il patriottismo, il rimboccarsi le maniche, la famiglia, il rispetto delle regole e via dicendo.
Paola Bonomo è Head of Online Services presso Vodafone Italia. Ha studiato alla Bocconi e alla Stanford University, maturando competenze nel marketing e nella tecnologia, e ha fatto numerose esperienze di carattere internazionale. Ha lavorato in McKinsey per più di 12 anni, raggiungendo il ruolo di Principal, poi è passata a eBay e a Il Sole 24 Ore. Esprime la sua mission quando scrive su LinkedIn: "Simplifying people's lives through the Internet"[22] e sottolinea il suo ruolo di Angel Investor per l'organizzazione no-profit Italian Angels for Growth.[23] Basta leggere il suo blog, in inglese, per scoprire le sue idee sull'occupazione, la leadership femminile, la politica e le sue personali osservazioni sulla comunicazione e su Internet.

---

20. cent.lu/metodomarchionne.
21. www.linkedin.com/pub/laura-soave/3/92/b35.
22. Semplificare la vita delle persone attraverso Internet.
23. www.italianangels.net.

La strategia principale è quindi quella di sviscerare e comunicare i propri punti di forza, le proprie competenze, i propri valori e passioni. Le passioni coinvolgono e uniscono, rappresentano uno dei principali punti di contatto e possono aggregare individui in tribù eterogenee e trasversali. I valori sono fondamentali per l'effetto che ottengono negli altri: le persone tendono in questo modo a fidarsi maggiormente e a preferire chi crede nei propri stessi valori. Ma il primo passo è quello di avere ben chiara la propria *vision*. Si tratta di una parola molto abusata, spesso completamente astratta ed espressa in un linguaggio complesso e incomprensibile, l'*aziendalese*. Nel personal branding la vision è di fondamentale importanza, ma bisogna descriverla e comunicarla con azioni concrete e utilizzando il linguaggio adatto. La vision, così come la intendiamo noi, è un'immagine chiara ed efficace di quello che vorremmo avvenisse nel mondo grazie al nostro lavoro. I più grandi presidenti americani sono maestri in questo: Kennedy, con la sua idea dello sbarco sulla Luna, e Obama, con il suo celebre slogan: "Yes We Can", hanno creato una vision per tutta una nazione.

"Le passioni coinvolgono e uniscono, possono aggregare individui in tribù eterogenee e trasversali."

La vision espressa in maniera costante, chiara e congruente in tutto quello che facciamo, conquista le persone e mostra una profondità così radicale che pone su un altro piano il manager, l'artista o il professionista che la esprime, ispirando così clienti e collaboratori.

Uno dei modi migliori per identificare la propria vision è chiedersi quale sia il problema principale che si vuole risolvere con il proprio lavoro.
In generale, un manager senza una chiara vision è una persona che non ha identificato i propri valori e che di conseguenza non sarà affidabile nelle decisioni. Inoltre, è probabile che, prima o poi, incrini la percezione del suo brand e della sua azienda, soprattutto in momenti di crisi. Tony Hayward, per esempio, quando era CEO della BP, in seguito alla tragedia petrolifera nel Golfo del Messico dichiarò alla stampa americana: "Mi spiace. Ci spiace per le terribili distruzioni che sono state provocate alla vita della gente. Nessuno più di me desidera che tutto questo abbia fine. Anch'io vorrei riavere indietro la mia vita."[24]
Questa frase chiaramente infelice non è stata il modo migliore per riabilitare l'immagine della BP, ma sicuramente è stato un ottimo modo per attirare tutte le colpe su di sé. E infatti Tony Hayward non è più CEO della BP.

24. "I'm sorry. We are sorry for the massive disruption it's caused their lives. There is no one who wants this over more than I do. I'd like my life back" (cent.lu/TonyHaywardMessico).

Claudia De Lillo è una giornalista finanziaria e scrive uno dei blog più letti in Italia: *Nonsolomamma*.[25] La sua semplicità e il suo stile originale, ricco di riferimenti personali, l'hanno subito resa un fenomeno della Rete: Claudia non si veste alla moda perché le sembra scomodo, non si trucca perché non ne ha il tempo, non si mette la crema idratante perché se ne dimentica e, se per sbaglio chiude gli occhi, crolla addormentata. Si firma "Elasticgirl" e, per dirla con parole sue, ha "una casa a Wisteria Lane, due hobbit, un marito part-time e un lavoro a tempo pieno." Grazie allo stile autoironico, dove i figli diventano hobbit e la babysitter si chiama "Valentina Diolabenedica", il suo blog aperto come spazio personale e come occasione di sfogo ha raggiunto una notevole popolarità sul Web; e proprio da questa ha colto l'opportunità di scrivere un libro dal titolo *Nonsolomamma*,[26] che ha venduto moltissimo e l'ha fatta apprezzare anche al di fuori dalla Rete. Attraverso l'autoironia e l'entusiasmo che trasmette, la De Lillo si fa portavoce, anche in conferenze e trasmissioni televisive, delle condizioni di tutte le mamme lavoratrici costrette a trasformarsi in super-eroine per affrontare le difficoltà e non rinunciare né al lavoro né alla famiglia.

Un pubblico per volta

Foto 2.4 – Affidereste i vostri figli a questa baby sitter?

25. www.nonsolomamma.com.

26. Claudia De Lillo, *Nonsolomamma. Diario di una mamma elastica con due hobbit, un marito part-time e un lavoro a tempo pieno*, Tea, Milano 2008.

È molto difficile che un brand sia efficace per tutti. Esattamente come è difficile essere significativi e rilevanti per tutti, occorre concentrarsi su un target in particolare e identificare il proprio cliente ideale. Se invece si tenta di arrivare a tutti, si rischia di non arrivare a nessuno.
In questo senso è opportuno concentrarsi e prendere in considerazione un sotto-gruppo dei clienti che può essere interessato ai nostri servizi o prodotti.
Per esempio: un dentista potrebbe concentrarsi sui bambini con gravi problemi di ortodonzia, un mental coach sui manager maschi con più di cinquant'anni in cerca di nuovi obiettivi di carriera localizzati nel centro Italia, un avvocato in papà con problemi di divorzio e affidamento dei figli e così via.

Come fare, invece, a scegliere un mercato, soprattutto quando non è facile creare una categoria nuova?
Il consiglio che spesso diamo è quello di "giocare facile" e prendere in esame le proprie esperienze passate per poi identificare le persone con cui ci siamo trovati meglio a lavorare e con cui abbiamo raggiunto i successi più eclatanti. Spesso sono anche le persone capaci di risultare meglio in sintonia con la nostra personalità e maggiormente predisposte verso di noi. In altre parole, le persone per le quali siamo naturalmente più credibili e che sanno già apprezzare e riconoscere quello che possiamo offrire.
In alternativa possiamo decidere di identificare le persone che intendiamo maggiormente aiutare nella nostra professione, non solo dal punto di vista pratico ma anche spinti dalla nostra vision.

Una volta selezionato il cliente ideale, è opportuno cercare di capire qual è il suo bisogno tipico, la sua sofferenza, ciò a cui tiene di più – magari non sempre in modo totalmente cosciente – e capire quale di questi aspetti può essere risolto facilmente facendo quello che sappiamo fare meglio.
Spesso per rendere esplicite queste necessità può essere opportuno fare delle domande molto precise. Per esempio:

1. Cosa ti permetterebbe di raddoppiare il tuo giro d'affari quest'anno?
2. Cosa hai tentato più volte di fare senza riuscirci?
3. Qual è il problema più grande che devi affrontare durante la tua attività?
4. Cosa cerchi più spesso su Google?
5. Per quali (dei miei) servizi pagheresti senza esitazione?

Sembra troppo semplicistico? Eppure è il modo con cui spesso avvengono le cose: i clienti fanno riferimento a noi per un motivo o una necessità particolare, perché sanno che sapremo risolverla. Anche per questo il personal brand può essere considerato come la promessa che facciamo ai nostri clienti e a quelli potenziali, e il modo migliore per svilupparlo è quello di mantenere costantemente nel tempo le aspettative create.
Continuando con il modello del cliente ideale, le cose utili che si possono imparare sono molte. Per esempio: sai cosa dice quando parla di te? Che parole usa specificatamente?
Il tuo personal brand spesso si nasconde proprio negli aggettivi, nel perché ti sceglie e nei complimenti che decide di utilizzare.
Tieni ben presente il tuo cliente ideale e le sue esigenze durante la lettura di questo libro. Nel prossimo capitolo, per esempio, dovrai studiare i modi per raggiungerlo e ti sarà molto utile conoscere altre sue caratteristiche: quali sono i suoi interessi, le sue passioni o quali luoghi frequenta nel tempo libero o per il lavoro.

> *“Grazie alle Rete è possibile diventare media di se stessi raggiungendo un'audience potenzialmente molto ampia.”*

Grazie alle Rete, come vedremo, è possibile diventare media di se stessi raggiungendo un'audience potenzialmente molto ampia. Per questo nel personal branding non ha più molto senso parlare di *target* ma, come già visto nel corso delle sezioni precedenti, di un vero e proprio *pubblico*.
È bene farsi un'idea precisa delle persone che ci ascolteranno, sempre che si sia in grado di guadagnarsi il diritto di essere seguiti, perché sono queste le persone che dobbiamo convincere.
Inoltre, è opportuno considerare che il nostro pubblico non è costituito solo da clienti, colleghi, fornitori e partner. Nell'attuale contesto iperconnesso occorre considerare anche i cosiddetti influencer,[27] cioè gli individui che sono in grado di condizionare le scelte dei nostri clienti e dei nostri prospect.
Come vedremo nelle prossime sezioni, ogni buona strategia di comunicazione, così come le principali azioni di business networking, dovrebbe coinvolgere i clienti per primi.
Differenziandosi e specializzandosi, molti temono di tagliare fuori una parte del loro potenziale pubblico. Però, meglio ribadirlo, se si cerca di comunicare tutto a tutti si rischia di non suscitare una particolare impressione su nessuno. A ognuno piace chi è simile a sé, colui con cui si può identificare. In questo senso, nel personal branding è spesso consigliabile

27. Tema ampiamente trattato nella pubblicazione di Asseprim *Social Influence Marketing*.

andare per la propria strada esprimendo se stessi e le proprie peculiarità, invece di confezionare un messaggio non autentico e per un target particolare. Ma proprio perché, come abbiamo già scritto, il nostro brand è definito dagli altri, è a loro che possiamo chiedere indicazioni utili.

L'indicazione principale è data dalle parole e dalle frasi che i potenziali clienti usano per descriverci: possono essere aggettivi che qualificano la nostra personalità, un elemento della nostra professione o una delle nostre principali competenze. Un esempio divertente in questo senso è quello del soprannome "porn cookie guy" che viene dato in Google al top manager Matt Cutts,[28] leader del team Webspam nonché una delle persone più influenti dell'intero Web. Matt ha iniziato la sua carriera occupandosi del filtro per la ricerca sicura dei bambini (Safe Search) e regalava i biscotti fatti in casa da sua moglie a tutti i dipendenti che trovavano un "elemento indesiderato" tra i risultati.

Uno dei modi migliori per ottenere tali indicazioni è quello di fare attenzione al modo con cui i clienti ci presentano agli altri, ai termini utilizzati, a dove va il *focus* quando parlano di noi.

- Che parole usano?
- Quali immagini utilizzano?
- Quali aggettivi aggiungono?
- Quali soprannomi prediligono?
- Quale competenza sottolineano?
- Quali storie raccontano?
- Per quale motivo ci consigliano agli altri?

Un altro modo è quello di chiedere ai propri clienti o interlocutori la ragione per cui ci hanno scelto.

In entrambi i casi emergeranno informazioni molto interessanti. Potrebbero rispondere che siamo "leader naturali", "precisi", "persone oneste", "sinceri", "vincenti", "professionisti dedicati" o "determinati". Oppure sottolineare un master o un corso che abbiamo effettuato, affermare che siamo le persone giuste per risolvere uno specifico problema o raccontare di quella volta che abbiamo lavorato tutto il week-end pur di consegnare un lavoro in tempo.

Aggettivi, immagini ed emozioni sono molto importanti perché sono gli attributi del vostro personal brand. Alcuni di questi potrebbero essere semplicemente riferiti alle vostre competenze o essere necessari per il vostro lavoro. Sono ciò su cui si costruisce la vostra credibilità, la condizione neces-

28. www.mattcutts.com/blog.

saria senza la quale non potreste mai fare il vostro lavoro. Altri invece potrebbero esprimere un ulteriore fattore di distinzione, capace magari di consolidare un legame emozionale unico con gli interlocutori. Sono questi gli attributi determinanti del nostro personal brand e, se espressi con consistenza, ci permetteranno di offrire sempre l'impressione desiderata.
Un CEO, per esempio, potrebbe essere percepito come "esperto", "capace di organizzare" e di "motivare" e allo stesso tempo potrebbe distinguersi perché "ottimista", "trascinatore" e "acculturato".
Come vedremo, è possibile che nell'infinita conversazione online vi sia già qualcosa di molto istruttivo su di voi: anche questa è una fonte preziosa e importante.

Perché devi essere favorevole alla concorrenza

Nonostante i benefici della specializzazione molti non resistono alla tentazione di espandere la linea dei servizi che offrono: è un desiderio legato alla speranza legittima di far crescere l'azienda. In realtà è più importante fare in modo che cresca il mercato potenziale per la tua categoria, invece della linea di prodotti o servizi da offrire. Se stai seguendo le tue passioni e pensi che il tuo specifico servizio o prodotto possa servire ai tuoi clienti, probabilmente sei in questa fortunata condizione. In questo caso:

“*Non combattere i concorrenti, piuttosto battiti contro le altre categorie: dimostra che la tua è migliore.*”

- da un lato devi far parlare di te, sottolineando che tu sei il primo ad aver inventato la nuova categoria. Associate al tuo nome, dovrai avere sempre descrizioni quali "il primo", "il leader", "il pioniere";
- dall'altro devi promuovere la tua categoria e fare in modo che sia percepita la sua utilità in merito a una determinata esigenza.

Una prima dimostrazione del tuo successo può essere indicata dal numero di concorrenti che ti affiancheranno. In questo caso non dovrai disperarti né temere i rivali, ma interpretare la concorrenza come un elemento positivo: una conferma che il tuo investimento è un business solido.
Non preoccuparti di perdere quote di mercato, ma apprezza il successo del settore nel quale stai investendo.
Non combattere i concorrenti, piuttosto battiti contro le altre categorie: dimostra che la tua è migliore e che ha molto di più da offrire rispetto alle altre, quando deve soddisfare la stessa esigenza.

La competizione non rappresenta solo uno stimolo per fare meglio degli altri, ma è anche un aspetto positivo per i clienti, che sono abituati e apprezzano di poter scegliere tra più offerte. Se sei il solo a offrire un determinato bene o servizio, molte persone avranno il timore di pagare un prezzo spropositato. Ed è probabile che, se è l'unica offerta sul mercato, effettivamente sia così. Se i clienti vedono che esistono dei concorrenti avranno la possibilità di confrontare e scegliere tra diversi tipi di offerta, dalla più economica alla più qualificata e rappresentativa: quella del brand leader, del pioniere, del più esperto e la tua.

Riassumendo

Concludiamo questo capitolo riassumendo alcune delle modalità con cui impostare una strategia di branding.
Ogni professionista, artista, manager o imprenditore ha a disposizione due possibilità per farsi conoscere:

- vendere i propri servizi porta a porta, come un perfetto sconosciuto, e bombardare di pubblicità i suoi possibili clienti;
- impostare una strategia di personal branding che faccia la maggior parte del lavoro per lui e comunicare in maniera efficace selezionando il pubblico e le tattiche in linea con la propria strategia.

In un'epoca in cui sono sempre più i consumatori a scegliere e sempre meno le aziende a vendere, l'ultima strategia è di gran lunga la più efficace: si dice che quando il tuo brand conquista un cliente hai già effettuato una mezza vendita.

La strategia di branding si compone di questi passi:

- rendere espliciti vision, valori e passioni;
- identificare la tua offerta e i suoi benefici partendo dal tuo talento, dalle tue competenze e dalla tua passione;
- definire le tue attività e il tuo mercato di riferimento identificando i suoi bisogni e desideri;
- sviluppare, se possibile, una categoria personale di servizi o prodotti in modo da essere riconosciuto come il primo del settore;
- difendere la tua categoria senza avversare la concorrenza diretta, ma criticando le altre categorie. A volte, il miglior modo per dimostrare la superiorità e i vantaggi del tuo settore specifico è proprio quello di allearsi con i competitor.

CAPITOLO 3

COME COMUNICARE IL PROPRIO BRAND

Come tutti sanno, la prima impressione conta moltissimo: alcune ricerche hanno evidenziato che bastano pochi secondi per formarla, ma che possono servire più di venti ulteriori interazioni per modificarla. Anche per questo non esiste una seconda occasione per fare una buona prima impressione.

Gli elementi che, spesso involontariamente, comunicano chi sei sono innumerevoli: l'azienda dove lavori, il modo di vestire o di parlare, l'automobile che guidi, le opinioni dei tuoi colleghi e dei tuoi clienti. Nel bene o nel male questi fattori condizionano fortemente la percezione che le altre persone hanno di te e dell'immagine che trasmetti.

Sviluppare un personal brand significa non solo comunicare in maniera efficace la tua professionalità e le tue competenze distintive, ma anche lavorare in anticipo sulla tua immagine affinché l'insieme di questi e altri elementi generi una prima impressione positiva.

È necessario comprendere e imparare a comunicare opportunamente i meccanismi grazie ai quali i brand conquistano la mente delle persone. Una volta appreso questo passaggio fondamentale sarà più semplice realizzare le condizioni e mettere in atto i comportamenti più opportuni per creare la prima impressione che meriti. Online come offline, la qualità del tuo brand è direttamente proporzionale alla qualità della tua comunicazione.

Di seguito le "3 C" del personal branding, linee guida facili da tenere a mente e molto utili per ottimizzare la comunicazione del tuo brand:

- **Chiarezza**: comunicare in maniera semplice ed efficace chi sei, cosa sai fare e perché lo fai;
- **Consistenza**: ripetere lo stesso concetto più volte, in modo che arrivi forte e chiaro alla mente dei tuoi clienti;
- **Costanza**: un personal brand non nasce in una notte. Richiede tempo e costanza affinché raggiunga il proprio pubblico. Per questo, oltre a tener conto dei fattori precedenti, è bene essere costanti nell'identificare le occasioni per trasmettere il proprio messaggio.

Mentre comunicare in maniera chiara la tua offerta, la tua differenziazione e i relativi benefici serve a favorire l'acquisizione di nuovi clienti, fare queste cose in maniera consistente e costante permette loro di ricordarsi più facilmente di te.

Vendersi o sapersi valorizzare?

Richard Branson, fondatore della Virgin, ha dichiarato: "Un brand è molto più di un nome o di un logo: è una promessa e un contratto con ogni cliente con il quale hai a che fare."
Quando il tuo brand conquista dei clienti, questi si aspetteranno da te una certa qualità e un certo livello di servizio. Quando ti chiamano è perché sono convinti di poter contare su di te. Come recitano i grandi della comunicazione, il modo più semplice di fare marketing di se stessi è quello di fornire sempre e costantemente un po' di più di quello che si è promesso.

Figura 3.1 – Unicità e riconoscibilità sono tutto in un brand.

Alcuni a questo punto potrebbero chiedersi: "Vedersi come un marchio significa costruire un'immagine falsa di se stessi?" È proprio il contrario! Esattamente come avviene per un prodotto: può essere il migliore sul mercato, ma se il mercato non lo sa, nessuno lo comprerà. Le migliori aziende sono quelle che hanno imparato a comunicare in maniera più efficace i pregi dei loro prodotti e servizi. Per le persone vale la stessa regola: se sei bravo ma nessuno lo sa, serve a poco, al di là della soddisfazione personale. È necessario identificare i propri pregi e imparare a comunicarli bene, scegliendo gli strumenti corretti.

Il personal branding riguarda anche la comunicazione efficace e autentica delle proprie competenze. È possibile che a qualcuno venga in mente di fare il furbo e, come succede a qualche azienda, menta spudoratamente sulle proprie capacità, costruendo un brand su fondamenta fragili. Il personal branding riguarda soprattutto lo sviluppo della tua immagine, della tua efficacia e della tua professionalità, non la vendita di fumo o la rappresentazione di qualcosa che non sei veramente. Abraham Lincoln una volta ha scritto: "Puoi ingannare qualcuno tutte le volte e tutti qualche volta, ma non puoi ingannare tutti tutte le volte."

Nel nostro Paese il nome David Manning è sconosciuto ai più. Era un critico cinematografico che dal 2000 ha lavorato per il settimanale *Ridgefield Press*, ma che in realtà non è mai esistito. I dirigenti di Sony avevano pensato di creare un giornalista virtuale, spacciandolo per vero, per valutare positivamente i film distribuiti dalla Columbia Picture, azienda consociata a Sony. Il critico era molto arguto e apprezzato, tanto da aver raggiunto una discreta notorietà, ma aveva il piccolo difetto di entusiasmarsi eccessivamente per i film della Colombia. Mentre gli altri critici non risparmiavano valutazioni negative, David Manning aveva un debole per i film Sony. Ma ben presto l'inganno della major è stato scoperto. Oltre al danno d'immagine, Sony fu costretta a pagare 1,5 milioni di dollari a titolo di risarcimento per gli spettatori ingannati.

Simon Clift, responsabile marketing di Unilever, il gigante della comunicazione che, come abbiamo già detto, segue marchi quali Algida, Findus e Mentadent, ha ammesso che il più grave errore di ogni azienda è quello di considerare i consumatori come degli imbecilli. Sono loro con le loro opinioni e i loro giudizi a costruire la vera immagine delle aziende.

Nell'era di Internet mentire è molto più difficile, motivo per cui essere trasparenti diventa obbligatorio. Se un'azienda o una persona non ha costruito in anticipo un rapporto di fiducia con i suoi clienti, basterà un piccolo gruppo di persone a rovinarne la reputazione e, di conseguenza, il brand.
Purtroppo o per fortuna, per sviluppare e posizionare un brand personale solido e duraturo occorre tempo. Anche impegnandosi a fondo e usando i servizi disponibili su Internet, possono passare dei mesi prima di ottenere dei risultati interessanti.
La cosa peggiore che può accadere online è che qualcuno si attivi al posto tuo provando a dare un'immagine o una reputazione di te che non ti appartengono. Qualcuno potrebbe per esempio sfruttare la Rete per esprimere una dura critica sulla tua persona o sui servizi che offri attraverso un blog o un forum, dei luoghi facili da rintracciare attraverso Google. Se possiedi già un brand definito, una reputazione online e godi di un ampio numero di relazioni costruite nel tempo, chi ti critica diventa meno credibile e addirittura saranno i tuoi clienti a venire in tuo soccorso! Correre ai ripari, invece, può essere molto difficile. Ne sa qualcosa Angela "Angie" Varona che, all'età di 14 anni, è diventata per qualche tempo l'adolescente più cercata su Google. Dopo che il suo account privato su Photobucket è stato violato, sono state condivise le foto osé che aveva dedicato al fidanzato. Si trattava di immagini in costume, in pose ammiccanti, oltre ad altre private in cui era ritratta nella vita quotidiana. Le fotografie hanno rapidamente fatto il giro della Rete prima di finire nelle mani sbagliate. Gli scatti sono stati utilizzati a suo nome su vari siti di dating e la sua immagine è stata replicata senza autorizzazione anche sui profili Facebook per attirare ignari utenti. In breve tempo è diventata una sorta di sex-symbol con la conseguenza di essere ancor più presa di mira anche attraverso fotomontaggi che vedevano il suo viso da bambina sovrapposto al corpo di ragazze ancora più prosperose di lei. Angie è stata costretta a cambiare scuola per ben due volte a causa delle reazioni dei suoi coetanei. La ragazza di Miami, per tutelarsi, non ha potuto bloccare la diffusione delle sue immagini poiché non si trattava di immagini pornografiche, dal momento che era sempre vestita. L'unica cosa che ha potuto fare è stata quella di segnalare di volta in volta l'uso non autorizzato della sua immagine nei vari siti, chiedendo la rimozione o la chiusura del falso profilo. Un lavoro enorme. Ma ancora oggi, cercando il suo nome su Google, compaiono più di un milione di risultati.

Figura 3.2 – Uno degli scatti sexy di Angie Varona.

I casi in cui si perde il controllo della propria immagine a causa del passaparola sul Web sono tanti. Zeddie Little è conosciuto come "the ridiculously photogenic guy", il ragazzo esageratamente fotogenico. Durante una maratona nel Sud Carolina, Zeddie è stato immortalato da un fotografo con un'espressione gioiosa, un sorriso smagliante e il ciuffo perfettamente in ordine. Il fotografo, colpito dalla bellezza dello scatto, ha pubblicato l'immagine su Flickr con il titolo "The ridiculously photogenic guy". Di lì a poco lo scatto è stato visto quasi da 2 milioni di persone, sono state create pagine su Facebook, ma soprattutto l'immagine è diventata un'icona del Web che ha generato innumerevoli ritocchi divertenti e originali da parte degli internauti.
Il ragazzo, che a parte qualche apparizione televisiva e sui giornali ha continuato la sua vita normale, ha commentato divertito sulla sua pagina Facebook: "La sapete l'ultima? Sono ufficialmente famoso!"

Figura 3.3 - Uno dei fotomontaggi spiritosi che hanno come bersaglio Zeddie Little.

Personal branding e self marketing

Un aspetto che richiede un chiarimento importante, vista la confusione che vige sul Web, riguarda la differenza tra il definire una strategia di branding e gli aspetti che rientrano nello sviluppo del piano di marketing di se stessi, volto alla comunicazione e al consolidamento del proprio posizionamento

Il marketing può essere definito come l'insieme delle attività utili a portare un prodotto sul mercato e a fare in modo che i clienti lo comprino. Comprende molti elementi differenti tra cui la pubblicità, le relazioni pubbliche, l'organizzazione di eventi, il pricing, le ricerche di mercato o il direct marketing.

Esattamente come il tuo brand non è solo il tuo logo, così anche la tua strategia di personal branding non coincide con la tua strategia di marketing, ma ne è il fondamento. La pubblicità, per esempio, può essere efficace per guadagnare visibilità, ma solo se trasferisce un messaggio in linea con il tuo brand. Allo stesso modo, la tua strategia di branding andrà a influenzare la scelta dei media e delle terze parti a cui vorrai far raccontare la tua storia in un'attività di relazioni pubbliche.

Lo stesso vale per l'Internet marketing, in particolare grazie ai social media che hanno cambiato per sempre la relazione tra fornitori e clienti. Se i tuoi clienti o le persone che li influenzano non frequentano i social media è possibile che questi non siano lo strumento giusto per creare una relazione con loro. Come vedremo, un account Facebook non può far nulla per una persona che non ha chiara la propria offerta o i benefici che essa comporta per i propri clienti. Aprire un blog è una tattica del tuo piano di self marke-

ting che a sua volta deve avere le fondamenta in un'efficace strategia di branding.
Come persone fisiche difficilmente disporremmo delle risorse delle grandi aziende. Inoltre, il tempo per favorire la nostra visibilità è limitato. Grazie alla nostra strategia di branding possiamo decidere dove, quanto e come investire il nostro tempo e, in alcuni casi, il nostro denaro.
Possiamo tentare tutte le tattiche di comunicazione che desideriamo, possiamo raccontare in lungo e in largo quanto siamo bravi, ma se siamo privi di un messaggio non andremo lontano e se i nostri servizi non coincidono con quanto promettiamo, prima o poi il nostro pubblico si costruirà la sua personale opinione.

Il brand è un'emozione

Il branding, come il marketing del resto, ha l'obiettivo di comunicare efficacemente un messaggio al fine di aumentare la visibilità o le vendite di un prodotto, sia esso una persona, un sito, un servizio o un bene specifico. In breve, stimolare i possibili futuri clienti affinché adottino scelte a te favorevoli.
Ma quali sono i criteri mediante i quali le persone prendono questo tipo di decisioni? In realtà non si tratta di un processo semplice e facilmente circoscrivibile, ma di un insieme di cause che concorrono ad affermare una scelta all'interno di un insieme di possibilità. Normalmente siamo abituati a valutare tutte le motivazioni razionali e i benefici funzionali che derivano dalle nostre competenze sottovalutando l'impatto che l'istinto e i fattori sociali ed emozionali hanno su ogni acquisto.
Peter Montoya, nel suo libro *The Brand Called You*,[1] porta l'esempio di quando stiamo valutando l'acquisto di un'automobile: in genere entriamo in una concessionaria pieni di idee e di dubbi, ma abbastanza decisi sui criteri da rispettare per la nostra valutazione: fascia di prezzo, consumi, impatto ambientale, affidabilità e via dicendo. Poi, quando ci sediamo sull'auto desiderata, entriamo in contatto con una serie di elementi imprevisti: l'odore dei rivestimenti e degli interni in pelle, il rumore confortante delle porte che si chiudono, il volante ergonomico che stringiamo tra le mani. In un attimo tutti i dubbi spariscono: l'emozione ha preso il sopravvento!

1. http://tinyurl.com/libromontoya.

Mentre eravamo impegnati nella scrittura dei primi capitoli del libro, Apple ha lanciato il nuovo iPhone 5 e molti amici sono corsi ad acquistarlo pur possedendo già il modello precedente. Accanto alla motivazione principale: "Devo averlo, è troppo bello!" ognuno di loro ha cercato di razionalizzare un acquisto illogico cercando giustificazioni al limite dell'inverosimile. Questi amici erano i primi a rendersi conto di non avere bisogno dell'ultimo modello ma, per motivare le loro azioni, si erano convinti che possedeva determinate caratteristiche come: "È più veloce!", "Ha la bussola!" e una serie di altre motivazioni abbastanza fragili. Questo è un esempio concreto di come uno dei brand più potenti al mondo riesce a operare nella mente delle persone.
Se non sei un appassionato di tecnologia e il melafonino non è mai entrato nella lista dei tuoi oggetti del desiderio, puoi verificare l'attaccamento e l'emozione che un brand suscita nelle persone semplicemente cercando uno dei video di inaugurazione di uno dei tanti Apple Store, come per esempio quello aperto a Carugate[2] o in centro a Bologna.
Alla stregua di Apple, sono tanti i brand che riescono a conquistare le persone, a prescindere dai bisogni oggettivi che soddisfano. I pubblicitari lo sanno bene: molte delle decisioni di acquisto vengono prese sulla base delle emozioni per essere giustificate in modo "razionale" solo successivamente.

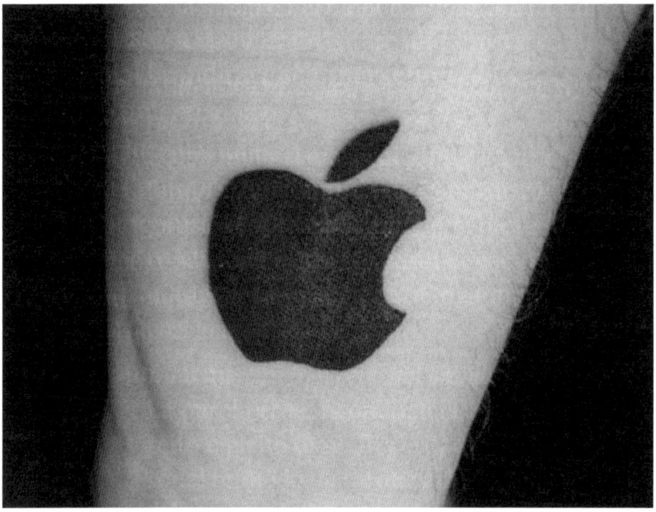

Figura 3.4 – La mela di Apple tatuata su un braccio: un esempio della potenza del brand (fonte: http://tinyurl.com/tatuaggio).

2. http://tinyurl.com/applecarugate.

La maggior parte degli spot televisivi è progettata per creare una connessione emotiva nella mente del consumatore-spettatore e solo quando questa è forte e ha conquistato l'attenzione, le viene associato il brand, il marchio del prodotto o dell'azienda. Prova a notarlo accendendo la televisione: moltissime pubblicità presentano il marchio, bello e grande, proprio alla fine del filmato, quando il pathos evocato dallo spot è al massimo. Anche molte strategie di vendita si basano su questo meccanismo: prima si cerca di indurre nel cliente uno stato positivo, poi avviene l'associazione al prodotto in questione.

Si tratta di un processo che rispecchia il modo con cui lavora la nostra mente: a ogni concetto tendiamo ad associarne naturalmente un altro e così via. Associazione ed emozione stanno alla base del funzionamento della nostra memoria: è molto più facile ricordare qualcosa alla quale associamo una forte emozione, che non un'informazione o un messaggio che entra nella nostra giornata in modo sommesso. Quante volte ti è capitato di dimenticare il nome di una persona che ti è stata presentata a una bella festa a cui hai partecipato?

> *“Prima si cerca di indurre nel cliente uno stato positivo, poi avviene l'associazione al prodotto in questione.”*

Le persone ti scelgono soprattutto perché si sentono a loro agio con te, perché ti associano a un'emozione positiva e, contestualmente, cercheranno di approfondire le caratteristiche di quello che offri per giustificare la loro scelta in maniera razionale. L'opportunità del Web 2.0, come vedremo nei prossimi capitoli, è proprio quella di creare una connessione con il maggior numero di persone attraverso la condivisione di competenze e di elementi emozionali.

Puoi scoprire come sfruttare questo meccanismo riflettendo sulle tue competenze e concentrandoti in particolare su quelle che ti rendono unico e che ti distinguono da tutti gli altri che fanno il tuo stesso mestiere. Quali benefici pratici e funzionali apporti ai tuoi clienti che gli altri faticano invece a offrire? Ora immagina che implicazioni possono avere questi benefici dal punto di vista emozionale. Considera per esempio una dietologa che oltre a essere una grande esperta nel suo campo è anche molto brava nel coaching e nel motivare i suoi clienti. Grazie alla sua differenziazione i suoi clienti riescono a seguire il suo programma dietetico in maniera costante. Questo aumenta la loro autostima e li rende più felici e appagati.

Al simile piace il simile

Durante le elezioni americane del 2004 alcuni ricercatori dell'Università di Stanford hanno condotto un esperimento[3] mostrando a gruppi di studenti alcune foto del presidente Bush e dell'allora sfidante John Kerry. Le immagini dei due politici erano state manipolate in modo da introdurre piccole somiglianze con il volto dello spettatore. I risultati sono stati sorprendenti, in quanto la maggioranza delle persone ha scelto il candidato la cui immagine era stata mescolata alla propria, spesso anche andando contro le proprie convinzioni politiche!

Figura 3.5 – L'esperimento con le somiglianze tra candidati ed elettori (fonte http://tinyurl.com/facce).

Una ricerca della Columbia University ha dimostrato come, inconsciamente, siamo attratti da persone con corporatura e tratti che somigliano ai nostri, fino al punto che molte coppie si scelgono e sposano anche grazie alla loro corrispondenza fisica.

3. Se m'assomigli ti voto. Le elezioni si vincono con la faccia: http://tinyurl.com/esperimentoelezioni.

Altri studi evidenziano come siamo portati ad assumere dipendenti e a fare business con individui con cui ci sentiamo a nostro agio. Può sembrare sbagliato, ma è innegabile che istintivamente ci piacciano le persone simili a noi e che siamo attratti da chi è d'accordo con noi e da chi vede il mondo in modo simile a come lo vediamo noi. Gli stessi amici, in fondo, sono persone che ci fanno sentire bene con noi stessi.

Figura 3.6 – Per giustificare l'acquisto di un prodotto più costoso della media, una pubblicità di cibo per cani di qualche anno fa giocava sulle somiglianze tra padrone e animale.

Di fatto è impossibile creare un brand che vada bene per tutti e in tutte le condizioni. Le grandi multinazionali studiano e sviluppano brand specifici per ogni tipo di clientela e di prodotto: Renault e Dacia, Fiat, Lancia e Alfa, Max Mara e Max & Co e così via. Gli esseri umani non hanno questa possibilità: possono puntare "solo" su quello che sono o tentare di sviluppare nel tempo nuove competenze o nuove offerte.

> *"Se vuoi giocare facile scegli di lavorare con persone che hanno già degli aspetti in comune con te."*

Oltre a focalizzare la tua area di competenze e a creare la tua categoria personale, è bene anche selezionare la tipologia di clienti a cui intendi far riferimento. Se vuoi giocare facile e puntare davvero su te stesso, scegli di lavorare con persone che hanno già degli aspetti in comune con te e che sono più disposti a considerarti credibile. Sarà più semplice ottimizzare la tua comunicazione su quegli aspetti, attirare persone simili a te e creare una relazione di fiducia. Scegliere un pubblico con cui non hai nulla in comune può rivelarsi più arduo e spesso controproducente.

Ecco perciò alcune domande da porti che potranno esserti utili:

1. quali caratteristiche demografiche mi rendono più simile e credibile per il mio pubblico tra:
   a. età;
   b. sesso;
   c. stato civile e stato di famiglia;
   d. carriera (o titolo, lavoro, posizione ecc.);
   e. tipo di lavoro, livello di guadagno o inquadramento;
   f. localizzazione geografica;
   g. educazione;
2. quali elementi culturali ho in comune con il mio cliente di riferimento tra:
   a. hobby, interessi, passioni (attività nel tempo libero, sport ecc.);
   b. convinzioni (religiose, politiche, sportive ecc.);
   c. stile di vita.

Basta con l'autopromozione!

Le persone si fidano molto più dei racconti di precedenti clienti che delle dichiarazioni autopromozionali. Più in generale, qualsiasi cosa le persone dicano spontaneamente e per esperienza personale risulta molto più potente di qualsiasi cosa tu possa affermare dei tuoi servizi o prodotti.

Per questo non ha quasi più alcun senso scrivere nella propria brochure o sul proprio sito frasi come: "Grazie al nostro processo interno, certificato e disegnato per incontrare con facilità i vostri bisogni di business, siamo sicuri che rimarrete estremamente soddisfatti della nostra soluzione progettata per pensare al futuro."
Allo stesso modo è completamente inutile riempire il proprio profilo Facebook o il blog di incessanti riferimenti ai propri successi, ai premi vinti, alle foto con persone famose e simili atteggiamenti di vanto.
Anzi, queste sono spesso azioni che possono rivelarsi controproducenti in quanto:

- non forniscono alcuna informazione veramente utile;
- tendono a farti percepire come qualcuno che si vanta in maniera sterile;
- possono generare invidia.

Non sono proprio emozioni positive, vero? Eppure è molto semplice capire come comportarsi. Basta mettersi nei panni del proprio pubblico e chiedersi: "Mi piace quello che sto leggendo? Merita la mia attenzione?" E soprattutto: "Mi è utile a qualcosa?".

Figura 3.7 – Un esempio di quanto la nostra giornata sia piena di brand (fonte: http://tinyurl.com/giornata).

Non è compito tuo dire quanto sei bravo: se te lo dici da solo ci deve essere qualche problema. Il tuo compito, al contrario, può essere quello di segnalare i successi ottenuti dai tuoi clienti grazie a te! Il tuo brand è al top quando scopri che le persone che lo accolgono parlano alla grande di te, perché in qualche modo hai migliorato la loro vita.
Grazie a Internet i tuoi clienti hanno la grande opportunità di parlare di te e dei tuoi servizi, di suggerirli oppure di sconsigliarli. Per questo motivo non ci stancheremo mai di ripetere quanto le brochure e i *curriculum vitae* nella loro forma tradizionale siano sempre meno efficaci, se non sono accompagnati da altre attività che dimostrino come la reputazione di cui parli sia effettivamente la stessa presente nella mente delle persone che sono entrate in contatto con te.
Talvolta, però, a qualcuno sfugge la mano. La Rete è costellata da casi del genere.
Uno degli esempi più recenti è quello di Egomnia,[4] un nuovo servizio per mettere in contatto aziende e laureati. Il servizio non ci è mai sembrato strepitoso, ma questo non è l'obiettivo dell'esempio. Infatti è possibile che il giovane Matteo Achilli, suo fondatore, sia veramente il nuovo Zuckerberg italiano, come titolavano *Panorama* e altre riviste; molti altri sono stati presentati allo stesso modo prima di lui. Ma proclamarlo in pompa magna in questo modo difficilmente può avere effetti positivi in Rete.

Rendi protagonisti i tuoi clienti

Vuoi davvero promuovere il tuo brand? Il modo migliore per farlo è quello di spiegare come chiunque possa migliorare la propria vita e diventare il protagonista di una storia unica usando i tuoi prodotti e adottando i tuoi servizi. Per fare questo il primo passo è mostrare al tuo pubblico esempi concreti, spiegare qual è la vera utilità di ciò che vendi, quali risultati hanno raggiunto le persone che ti hanno ascoltato, quali opportunità emergerebbero nel momento in cui decidessero di abbracciare la categoria che hai creato.
Il Web ti viene incontro, in questo senso. Un blog può essere utile per pubblicare articoli che spiegano come utilizzare vantaggiosamente i tuoi servizi e prodotti. Rappresenta uno spazio in cui dare voce ai clienti soddisfatti che decidono di condividere la loro esperienza. Un elettricista che offre una precisa tipologia di servizi ai comuni della sua zona, per esempio, potrebbe creare un blog che parla di argomenti a cui sono sensibili i tecnici municipali:

4. www.egomnia.com.

sicurezza, regolamentazione, distribuzione delle spese, nuove tecnologie. Il che comporterebbe precisi vantaggi:

- verrebbe apprezzato per il suo contributo;
- si vedrebbe progressivamente riconosciuto come un esperto in materia;
- si differenzierebbe dagli altri colleghi;
- entrerebbe in contatto con altri professionisti, iniziando in questo modo a creare una rete di contatti qualificati;
- sarebbe molto più facilmente rintracciabile e quindi apprezzato dai motori di ricerca.

Ma ci sono anche tanti altri motivi, come avrai modo di vedere più avanti. Eppure, quanti sono i professionisti che sanno che un blog è molto più efficace di un sito e che si tratta di uno strumento estremamente facile da implementare?

> ***"Con lo sviluppo di Internet, il social networking è esploso ed esistono molte comunità online che facilitano questo processo."***

No pubblico, no brand

Ogni persona ha una sua rete sociale: si tratta dell'insieme di familiari, amici, colleghi e clienti con cui ognuno è in qualche modo connesso. Il concetto di rete sociale è studiato da tempo da sociologi, psicologi e pubblicitari.
Forse conosci la famosa legge dei "sei gradi di separazione" dimostrata in maniera originale dal sociologo Stanley Milgram nel 1967. Milgram fece un curioso esperimento: inviò un pacchetto a un gruppo di persone scelte a caso, chiedendo loro di inviarlo a uno straniero residente in un Paese lontano, di cui conoscessero il nome, l'occupazione e la zona in cui abitava, ma non l'indirizzo preciso. Con sorpresa di tutti, i pacchetti arrivarono a destinazione con una media di soli 6 passaggi!
In tal modo il ricercatore aveva dimostrato che le persone sono molto più interconnesse di quello che si può pensare e che è virtualmente possibile entrare in qualche forma di relazione con chiunque nel mondo.
Ci sono persone che dedicano gran parte del loro tempo allo sviluppo della propria rete di conoscenze. Un tempo era una mansione a cui si dedicavano solo i venditori e i funzionari commerciali delle aziende: il loro parco clienti, in questo caso, è il loro vero capitale. Con lo sviluppo di Internet, il social networking, ossia la pratica di curare e allargare la propria rete di contatti, è esploso ed esistono molte comunità online che facilitano questo processo. Chiunque abbia usato Facebook, LinkedIn, piattaforme

verticali come Archilovers per gli architetti, Withandwithin per le donne creative o altri siti che comprendono una rete di amicizie, riesce facilmente a comprendere i vantaggi di avere a disposizione un gruppo di persone che condividono informazioni e punti di vista o a cui è possibile far riferimento in caso di bisogno.

Le grandi aziende costruiscono e coltivano relazioni. I gruppi musicali emergenti fanno innumerevoli concerti dal vivo. Anche gli scrittori più famosi si prodigano in conferenze e infinite sessioni per firmare autografi. Il social networking è una delle principali strategie per costruire il tuo brand personale.

Ma perché è così importante? Perché non esiste un brand senza il suo Pubblico![5] È lo stesso motivo per cui molti ci chiedono: come mai il mio blog non ha contatti e non appare su Google? Per apparire nei primi posti su Google il tuo indirizzo deve essere inserito e linkato presso altri siti e, per far questo, hai principalmente due possibilità:

- aver generato passaparola grazie a qualche storia coinvolgente nata intorno al tuo brand in grado di innescare la citazione da parte di moltissimi altri siti;
- essere legato a una rete di persone, un pubblico che considera i tuoi contributi tanto validi da indirizzare a te anche i loro amici. Difficilmente ciò avviene se non esiste già una forte relazione sociale e se il tuo brand non ti identifica come un esperto su un determinato argomento.

Strategie di comunicazione

Dopo aver definito le qualità e l'unicità del tuo brand, occorre elaborare una strategia di comunicazione e delle tattiche di marketing capaci di promuovere attività e brand.

Per prima cosa dovrai iniziare a mettere in atto i suggerimenti che hai letto:

- posizionare il tuo brand attraverso la specializzazione e l'associazione a una categoria chiara e riconosciuta;
- evidenziare i punti che hai in comune con il tuo pubblico;
- imparare a promuovere te stesso promuovendo gli altri;
- definire gli elementi in grado di esprimere la tua identità (per esempio uno slogan personale o una tua rappresentazione grafica);

5. Lo scriviamo con la P maiuscola proprio per sottolineare il fatto che è formato da persone reali con cui intraprendere una relazione concreta, e non un'azione di marketing fine a se stessa.

- preparare una linea editoriale e un piano di comunicazione che ti permettano di comunicare al meglio professionalità e competenze.

A questo punto sei pronto per iniziare un'attività di pubbliche relazioni che, online come offline, ti permetta di promuovere il lavoro messo in atto. Cerca di individuare le persone influenti nel tuo campo o in settori affini ai tuoi ed entra in contatto con loro. Si tratta di un passaggio delicato, durante il quale non devi avere fretta: impara quali sono i loro punti di forza, come si muovono, che linguaggio parlano e cerca di conquistare la loro amicizia. Entrare in contatto e instaurare una relazione con loro può rappresentare un elemento molto importante per affermare il tuo brand.

> *“Cerca di individuare le persone influenti nel tuo campo o in settori affini ai tuoi ed entra in contatto con loro.”*

Dovrai trovare uno spazio che ti permetta di generare valore. Se in Rete è abbastanza facile, e vedremo insieme come fare, sarà tua cura individuare offline le occasioni adatte. Per esempio eventi e fiere del settore o altri incontri meno frequentati. Questi appuntamenti dal vivo rappresentano il miglior modo per affermare personalmente le tue qualità.

Riassumendo

Concludiamo questo capitolo riassumendo le modalità di comunicazione efficace esaminate:

- il branding è legato alle emozioni: per questo facciamo business con chi ci fa star bene e ci fa sentire a nostro agio;
- ci piacciono le persone simili a noi, quindi occorre evidenziare nel nostro brand quelle caratteristiche che abbiamo in comune con il nostro pubblico di riferimento;
- basta con l'autopromozione: rendi invece protagonisti i tuoi utenti;
- presidia i posti frequentati dai tuoi clienti;
- focalizzati sul tuo nome o soprannome: quasi sempre è quello il tuo vero marchio registrato;
- comincia da subito a crearti un pubblico: senza di esso il tuo brand non ha alcun significato;
- se hai costruito un brand solido, puoi usare le strategie di personal guerrilla marketing per mantenere viva l'attenzione su di te;
- fa parlare di te: devi avere una storia da raccontare e utilizzare ogni canale a tuo vantaggio, con il suo linguaggio e le sue dinamiche

(più avanti vedremo come i social media, ossia gli spazi popolati della Rete, racchiudano grandi potenzialità a riguardo).

Cose che puoi fare oggi

Elenca tre cose che hai acquistato recentemente: scopri quali giustificazioni razionali ti sei dato per farlo.

- Pensa a una persona che ti piace: quali caratteristiche ha in comune con te?
- Nota quando qualcuno fa troppa autopromozione: che reazione hanno avuto i suoi interlocutori?
- Pensa a quali sono i tre benefici principali che il cliente ottiene lavorando con te e per ciascuno di essi elenca i tre principali motivi per cui questo è vero.
- Per ciascun beneficio, qual è il risultato emozionale che il cliente ottiene?

CAPITOLO 4

ELEMENTI ESPRESSIVI

Prima che si affermasse il Web 2.0 e si diffondessero i social media, tutti i libri dedicati al personal branding e al self marketing suggerivano una serie di elementi espressivi da usare per comunicare efficacemente. Molti erano presi in prestito dalle tipiche strategie delle grandi aziende. Comprendevano strumenti quali:

- slogan;
- biglietti da visita;
- brochure personali;
- *curriculum vitae*;
- logo;
- presentazione;
- fotografie.

Soprattutto se i tuoi clienti attuali sono poco informatizzati e legati alle tradizioni e ai formalismi, mantieni alcuni di questi strumenti nel tuo arsenale. Prima di definire una strategia di comunicazione del tuo brand è opportuno aver delineato le basi per spiegare chi sei e cosa fai. Tra queste: il nome che vuoi far diventare il tuo marchio, il tuo slogan e gli elementi grafici che esprimono la tua identità. Nei prossimi paragrafi approfondiremo alcune linee guida che risultano valide online quanto offline.

La situazione ideale si ha quando il risultato del tuo lavoro coincide con gli elementi della tua comunicazione. È il caso di tutti coloro che vivono quotidianamente su Internet per motivi professionali, che possono guadagnare numerose opportunità di visibilità. È anche il caso dei creativi (art director, copy, Web designer, fotografi, attori ecc.) che online trovano innumerevoli spazi e modi per comunicare se stessi, alcuni molto innovativi e non convenzionali.

Il massimo si ottiene quando il prodotto coincide con la propria differenziazione. È il caso di Ursus Wehrli, noto attore e artista svizzero che soffre di una particolare mania dell'ordine e, storpiando l'espressione tecnica della psicologia "obsessive compulsive disorder" (disturbo ossessivo-compulsivo), ha coniato la sua personale e peculiare categoria: "obsessive-compulsive order" (ordine ossessivo-compulsivo).

L'artista è autore di alcune pubblicazioni tra cui *L'arte a soqquadro*[1] ed è stato protagonista di una tournée internazionale. Il suo caso è particolarmente significativo per comprendere che ciò che ti rende unico è la ragione del tuo successo!

Il tuo vero marchio è il tuo nome

Quello del nome è un argomento semplice, eppure spesso non si rivela così scontato come sembra. Sono poche le persone che tengono presente questo importante particolare quando intraprendono un'attività imprenditoriale. Così succede spesso che nascano nomi assurdi come "GR Elettrica" dell'elettricista Gianni Rossi o "FC Costruzioni" di Franco Conti,[2] il geometra del paese!

> *"Il tuo brand sei tu, con il tuo nome e cognome; perché sprecare tempo e risorse per impostarne e rafforzarne un altro?"*

A maggior ragione, se la tua professione è strettamente legata a te e alla tua immagine, ha poco senso nominare la tua attività principale con un nome di fantasia. In molti casi i clienti non ricordano il nome di questo tipo di aziende, ma solo quello del titolare che deve essere rintracciato facilmente, suggerito ad altri e, soprattutto, ricordato e associato al suo servizio.

Perciò: il tuo nome è il tuo marchio!

Il tuo brand sei tu, con il tuo nome e cognome; perché sprecare tempo e risorse per impostarne e rafforzarne un altro? Se ci pensi è esattamente la strategia che hanno scelto Guido Barilla, i fratelli Prada, Giorgetto Giugiaro,

1. Ursus Wehrli, *L'arte a soqquadro*, Il Castoro, Milano 2008.
2. Si tratta di nomi inventati, naturalmente, e ogni riferimento a persone e nomi reali è puramente casuale!

Giovanni Rana, Battista Farina, presto rinominato "Pinin" ossia il diminutivo di Giuseppe, in piemontese, e tanti altri.
In altri casi potresti voler partecipare a un progetto, da solo o con altri soci, in cui la tua persona e la tua immagine sia coinvolta direttamente. Potrebbe essere un nuovo prodotto o un servizio d'avanguardia. In questo caso fai in modo che i benefici del tuo personal brand siano trasferiti al progetto.

Pseudonimi registrati

Questa regola ha un'importante eccezione. Grazie a Internet è possibile avere più identità online slegate tra loro e da quella reale. Spesso si tratta di personaggi inventati e celati sotto un nome di fantasia, uno pseudonimo che in molti servizi viene chiamato nickname. Chiunque si sia mai registrato in un forum lo sa bene: di frequente gli utenti si conoscono solo con i loro nickname invece che con i nomi reali. È una nuova modalità di esistere che Internet permette: anonimato e identità differenti sono una delle prerogative dello spazio online.
Possedere un'identità virtuale può rivelarsi utile in tutti quei casi in cui un navigatore preferisce non svelare le sue generalità. Un nome d'arte è l'ideale se vuoi creare un senso di mistero o se vuoi fornire un servizio in contrasto con la tua attuale attività. Come avrai ormai compreso, essere percepiti come esperti in troppi ambiti può essere pericoloso, dato che può confondere il proprio pubblico e, di conseguenza, indebolire il brand.[3] In alternativa, puoi anche decidere di creare un'identità online separata per ciascuno di questi contesti.

Talvolta il soprannome diventa così noto online che gli stessi clienti lo usano correntemente e lo cercano al posto del nome reale! In questi casi può essere opportuno puntare sul nickname invece che sul nome del professionista.
Robin Good è un imprenditore del Web ed è stato uno dei primi italiani a riuscire a sostenersi solamente con la sua attività online.[4] È partito da una semplice newsletter, per poi formare un network internazionale. Il suo vero nome è Luigi Canali De Rossi, difficile da ricordare, soprattutto all'estero. Così, parlando del suo nickname, Robin Good spiega: "È un nome che ho scelto perché volevo crearmi una forte identità online. Ne

3. Questa possibilità, al contrario, rimane valida se ci si relaziona con due tipologie di pubblico completamente differenti.
4. http://tinyurl.com/onlinesolo.

ho cercato uno che fosse facile da ricordare e idoneo a rappresentare degli ideali. Ho cercato di pensare a dei personaggi famosi che non hanno puntato solo al guadagno, ma anche a lanciare dei messaggi. Ho pensato a lungo mandando in avvio il mio 'Google interno'. Io solitamente gli do il la per qualcosa e poi lo lascio andare... e lui dopo qualche giorno torna con una risposta. Un giorno, si è presentato con 'Robin Good' e immediatamente c'è stato il collegamento con 'Share-wood', la foresta della condivisione invece di Sherwood, la foresta di Nottingham.
Poi io sono un tipo avverso all'autorità, all'establishment dogmatico, alle regole; avendo quest'animo fortemente ribelle, lo spirito di Robin Hood si prestava bene."[5]

Figura 4.1 – Robin Good con il suo look POP: Personal Online Publisher.

Vi sono però alcuni aspetti da tenere in considerazione: il tipo di brand che si sviluppa tramite uno pseudonimo è spesso molto ancorato al mondo online e ai suoi meccanismi. Per questo motivo non è sempre così semplice trasferire il suo valore al mondo offline e aspettarsi che le persone lo riconoscano come tale. Una persona nota in Rete con un soprannome può essere completamente sconosciuta nel "mondo reale". Inoltre, alcune persone preferiscono fare business con chi si presenta con il proprio nome e cognome ben chiaro. Se i tuoi clienti sono di questo tipo è sconsigliabile puntare sugli pseudonimi.

5. Dall'intervista per il giornale *7thFLOOR* "Robin Good e Web 2.0: l'uomo (italiano) che guadagna da Google" disponibile all'indirizzo: http://tinyurl.com/7thfloor.

L'immagine prima di tutto

Anche gli aspetti grafici sono importanti nella tua strategia. Le grandi aziende spendono cifre incredibili per il logo, la grafica e i colori societari. E fanno bene: pensa che Tropicana, marchio di PepsiCo specializzato in succhi di frutta, ha cambiato il design delle confezioni dei suoi succhi d'arancia per rinfrescare il suo look. I consumatori americani non hanno apprezzato il nuovo aspetto grafico e le vendite sono crollate nel giro di poco tempo, generando perdite per milioni di dollari.[6] Dopo aver ascoltato le proteste dei clienti, la PepsiCo ha così deciso di tornare alla vecchia confezione, salvandosi in tempo.

Figura 4.2 – La celebre immagine di Ernesto Che Guevara realizzata tramite marchi famosi.

Associare il proprio brand a un design definito e costante genera quel famoso senso di familiarità determinante nel creare un'emozione positiva e una consapevolezza nei tuoi clienti: da un lato per essere ben ricordati, dall'altro per essere immediatamente identificati. La cosa peggiore che puoi fare è quella di usare creatività povere o grafiche e simboli diversi per ogni canale. O, peggio, non offrire alcun elemento grafico a supporto del tuo brand.
Il nostro consiglio è quello di affidarti a un esperto capace di offrirti una strategia in linea con le tue caratteristiche: un giusto investimento in tal

6. http://tinyurl.com/tropicanapak.

senso sarà prontamente ricompensato dalla visibilità e dalla riconoscibilità che riuscirà a innescare.
Nel personal branding l'immagine diventa un ulteriore elemento di comunicazione. Una fotografia deve esprimere la propria personalità, ma sempre in una maniera rilevante e adatta al proprio pubblico.
Nella propria cassetta degli attrezzi è bene tenere sempre delle fotografie ad alta definizione per eventuali interviste o pubblicazioni, nonché una foto per i profili dei social media che come vedremo dovrà essere usata con costanza, per lo meno negli spazi che decidi di presidiare come professionista, prima che per uso personale.

Payoff, slogan e job title

Nome, pseudonimo e logo possono ormai non essere sufficienti per attrarre l'attenzione e per differenziarsi. Per questo è utile accompagnare talvolta questi elementi a una elaborazione verbale o a una frase di effetto in grado di parlare al tuo pubblico.
Il *payoff* è quella frase scritta che accompagna il logo delle aziende, spesso proprio le più importanti e conosciute. In Italia, per esempio, è molto celebre quello di Barilla: "Dove c'è Barilla c'è casa." Universalmente noti sono anche "Just do it" di Nike e "Think different" di Apple.

Figura 4.3 – Uno degli slogan più famosi, reinterpretato fuori dal suo contesto.

Un payoff è una frase che nella sua brevità rafforza il messaggio generale del brand e sintetizza il suo posizionamento. Deve essere immediato e semplice da capire, ancora meglio se facilmente memorizzabile; deve creare distinzione e soprattutto deve rafforzare le qualità del prodotto o servizio e, nel nostro caso, della persona.
Per un professionista, un blogger o un manager, per esempio, il payoff può prendere svariate forme e talvolta avvicinarsi a uno slogan capace di esprimerne la personalità, la visione particolare del mondo o di un certo settore di business. Alcuni adottano nomi particolarmente creativi, altri puntano su una frase capace di esprimere i benefici e il valore promesso. Altri ancora hanno sviluppato una descrizione innovativa o creativa del loro mestiere, che in inglese si può anche indicare come *job title*.
Vediamo qualche esempio:

- la top manager di Vodafone Paola Bonomo scrive sul suo sommario LinkedIn la frase: "Simplifying people's lives through the Internet";
- il sindaco di Firenze Matteo Renzi, alle primarie del PD del 2012, ha usato: "Adesso", sottolineando quanto fossero molto di più che delle semplici primarie, visto che secondo la sua prospettiva rappresentavano l'opportunità di partire dalla sua candidatura per cambiare anche l'Italia;
- il presidente degli Stati Uniti Obama, sempre nel 2012, ha confezionato un vero capolavoro: "Forward". Una parola capace in un sol colpo di riposizionare (negativamente) Romney e di creare una nuova vision per un'intera nazione;
- il sindaco di Milano Pisapia, nella campagna del 2011, ha differenziato la sua immagine con lo slogan: "La forza gentile per cambiare Milano";
- Heidi Busetti ha inventato e registrato il nome del suo mestiere: "Wedding Reporter".

E venendo agli autori di questo libro, Tommaso si definisce un "social media activist" dicendo molto sul suo approccio all'uso di questi strumenti, mentre Luigi accompagna il suo nome e cognome all'espressione "personal branding strategist", una nuova professione di cui è stato pioniere in Italia.

Presentarsi?

Sai rispondere in maniera semplice ed esaustiva alla domanda: "Di cosa ti occupi?"
Tutti dovremmo avere una risposta pronta ed efficace a una domanda del genere. Che tu scelga di utilizzare il tuo nome o uno pseudonimo, devi sempre trovare un modo per spiegare in maniera semplice e chiara:

- cosa fai;
- per chi lo fai;
- in che modo sei differente dai tuoi competitor;
- perché questa differenza è di beneficio e rilevante.

Il primo consiglio che ti diamo è quello di farti trovare preparato e avere una frase che, in circa 10 parole, esprima al meglio le attività che curi e la loro utilità, partendo come sempre dalla tua specializzazione.

A titolo d'esempio:

- sviluppo di blog con Wordpress per liberi professionisti;
- coltivazione di bonsai per arredamento di interni;
- pianificazione del bilancio familiare per giovani coppie;
- addestramento di golden retriever tramite metodi cognitivi a Milano.

Dopo aver creato la formula di presentazione, dovrà essere tua cura usarla costantemente, online come offline, per creare e rafforzare il tuo brand: dagli incontri di business agli spazi online che utilizzerai, ogni occasione è buona per presentarti in maniera sintetica ed efficace.

Oltre alla presentazione è molto probabile che le persone che incontri vorranno conoscere dalle tue parole il settore nel quale sei attivo: quale migliore occasione per dimostrare le tue competenze e le tue capacità? Ogni conversazione rappresenta un'opportunità di metterti in luce e di presentare la tua visione del settore in cui lavori.
E poi hai mai pensato alle risposte che saprai dare alle domande più frequenti?
Pete Kistler di BrandYourself,[7] in un suo interessante articolo[8] propone una strategia molto incisiva suggerendo di:

7. http://www.brand-yourself.com.
8. http://tinyurl.com/peteryoudo.

- descrivere prima il mercato di riferimento e il suo principale problema;
- descrivere poi come risolveresti quel problema;
- raccontare una storia esemplare in cui lo hai fatto;
- spiegare infine i benefici ottenuti una volta usati i tuoi servizi.

Oltre al *curriculum vitae*, la biografia

Per *biografia* s'intende il resoconto della vita di una persona, normalmente presentata in forma saggistica. La biografia (talvolta abbreviata come *bio*) è uno dei principali strumenti per comunicare il proprio brand personale online. Rappresenta un'occasione unica per presentarsi in tutte quelle situazioni in cui un normale *curriculum vitae* (CV) sarebbe inopportuno.

I fattori che caratterizzano una biografia efficace sono:

- deve iniziare con il nome e il cognome e includere il job title;
- può essere scritta sia in terza persona sia in prima, con i fatti in ordine di importanza, non per forza in modo cronologico;
- deve comunicare i fattori differenzianti, assieme a vision e attributi del brand;
- deve avere un primo paragrafo ad alto impatto che contenga le esperienze principali, le credenziali, un riassunto del background e delle principali competenze;
- deve menzionare i risultati più importanti e i nomi delle principali aziende per cui si è lavorato, la formazione ed eventuali associazioni di appartenenza;
- può presentare una foto professionale in linea con il proprio personal brand e includere le informazioni di contatto.

La biografia va sempre adattata al pubblico e al media di riferimento. A seconda dei casi vi saranno dei fattori da evidenziare e dei formati da rispettare.
Bernadette Martin, nel suo libro *StoryTelling about your Brand Online & Offline* consiglia di tenerne sempre a disposizione una o più versioni, anche di diverse lunghezze, per ciascuna di queste occasioni:

- come riepilogo nel profilo di LinkedIn, Facebook o Viadeo;
- in caso di un intervento pubblico, per farla mettere sul sito dell'evento o come indicazione per chi vi presenterà;
- da allegare nei messaggi di follow-up dopo un evento di networking;

- da indicare sul sito aziendale, personale e sul proprio blog;
- da far circolare all'interno della propria azienda.

Il suggerimento su LinkedIn è davvero cruciale. Chiunque ha visitato più di un profilo LinkedIn sa bene che dopo il nome e il titolo, è il riepilogo il primo elemento che conquista l'attenzione: è fondamentale che sia ad altissimo impatto, che trasmetta tutto il necessario e utilizzi le parole chiave corrette, in modo da aumentare la visibilità del profilo anche nelle ricerche.

Lo storytelling è una metodologia che, usando i principi della retorica e della narratologia, crea racconti capaci di colpire e influenzare le varie tipologie di pubblico, in particolare coloro che possono riconoscersi nelle storie.

> *"Lo storytelling è una metodologia che, usando i principi della retorica e della narratologia, crea racconti capaci di colpire e influenzare il pubblico."*

Per fare personal branding in maniera efficace occorre sapersi raccontare. Per questo si può parlare anche di personal storytelling.
Tom Peters ricorda così che siamo animali narrativi: "Le storie sono ciò che anima il 'ragionamento'. Le storie ci 'autorizzano' ad agire. Le storie sono fotografie di chi vorremmo essere. Le storie provocano risposte emotive. Le storie mettono in relazione. Le storie siamo noi."
Purtroppo la supremazia del CV nel formato europeo ci ha fatto dimenticare la nostra vera natura, trasformandoci in incasellatori di informazioni.

Helga Ogliari[9] racconta spesso l'esempio di un head hunter che paragonò la lettura di molti CV a quella della pagina del giornale locale dedicata ai morti: una serie di esperienze professionali "defunte", ruoli e mansioni descritti come fossero blocchi a sé stanti, privi di connessione tra loro, di un senso, della unique selling proposition, che i commerciali o gli esperti di marketing non dimenticano mai quando si tratta di presentare un prodotto.
L'attività a cui i manager oppongono maggiori resistenze durante la consulenza di carriera è la redazione della biografia professionale.
Perché è così importante raccontare la propria storia professionale? Perché le storie catturano l'attenzione, coinvolgono, appassionano e sono l'unico modo per uscire dall'anonimato della pila di CV tutti uguali.
Ma le storie professionali servono soprattutto a chi le scrive. Raccontare i successi e gli insuccessi ha un effetto quasi catartico, ci fa osservare tutto dalla giusta distanza e ci fa cogliere connessioni tra eventi apparentemen-

9. Membro dell'osservatorio di storytelling presso l'Università di Pavia e consulente di carriera (www.linkedin.com/in/helgaogliari).

te distanti. Per dirla con Federico Batini e Andrea Fontana, autori di *Storytelling Kit:*[10] "La narrazione è un processo cognitivo attraverso il quale strutturiamo in unità temporalmente significative, unità di esperienza attribuendo loro un ordine e dei rapporti."
Scrivere la propria biografia consente al manager di definire meglio la propria identità professionale, che non coincide solo con l'ultimo ruolo ricoperto, ma è integrazione armonica di tutte le esperienze professionali anche passate, delle caratteristiche personali e delle motivazioni. È dunque un esercizio di orientamento della carriera e di posizionamento del personal brand.

La stessa storia professionale può essere raccontata utilizzando stili diversi:

- lo stile militare è tipico dei motivatori e particolarmente adatto in contesti aziendali molto aggressivi, fortemente orientati alla conquista;
- lo stile politico è tipico di chi cerca il consenso in ambiti dove prevalgono temi come diritto, legalità e via dicendo;
- lo stile sportivo punta a coinvolgere le persone in contesti informali;
- lo stile economico ha come *focus* principale il valore;
- lo stile amoroso è proprio del leader protettivo che opera in un contesto quasi familiare;
- lo stile religioso è proprio di chi sente di avere una missione importante che trascende il mero business;
- lo stile medico è spesso contraddistinto dalla parola chiave *benessere*.

Nonostante le differenze di pubblico e genere, in tutte le biografie professionali è rintracciabile lo "schema narrativo canonico", uno schema che vari studiosi del racconto hanno individuato come alla base di ogni mito, fiaba o storia ben congeniata. È costituito dai seguenti elementi: eroe, impresa, avversario, conflitto, tesoro, trauma, oggetti magici, aiutanti e nozze finali.
A ben pensarci, ogni manager incarna l'eroe che compie l'impresa, sia che si tratti di conquistare quote di mercato, sia di far quadrare i bilanci o di risanare un'azienda in crisi. Lo schema narrativo canonico è alla base di campagne pubblicitarie di grandi marchi: pensiamo a Nike, Barilla o Ikea. Ciascuno ha scelto il proprio stile e il proprio mercato, ma in ogni

10. Federico Batini, Andrea Fontana, *Storytelling Kit*, Etas, Milano 2010.

racconto di prodotto ricorre lo schema dell'eroe che compie un'impresa. E se funziona con i marchi di successo può funzionare anche con il vostro brand personale.

Ora prova a scrivere la tua storia professionale con gli elementi dello schema narrativo canonico. Questo esercizio di storytelling sarà un ottimo punto di partenza per la redazione di biografie veramente efficaci.

Self marketing non convenzionale

Se hai investito nel social networking e sulla partecipazione alla conversazione, è probabile che tu abbia presto un pubblico attento e affezionato, pronto a leggere i tuoi contributi e le tue segnalazioni. Ma in un mondo in cui ci sono troppi stimoli e tutti hanno poco tempo, è impossibile rimanere sempre aggiornati sugli altri. Capita a te come a noi. Per questo non puoi presumere che il tuo pubblico sia sempre in ascolto.
Un obiettivo importante è quello di riuscire sempre ad attirare l'attenzione, di usare le migliori strategie per coinvolgere le altre persone e risultare interessante, ma facendo attenzione a non diventare invadente o pedante. Piuttosto è meglio divertire con idee sempre diverse e innovative.
Trovare modi originali per far parlare di sé è una delle tecniche migliori per apparire anche nei media tradizionali, non solo sul Web. È una strategia ben nota a ogni esperto di pubbliche relazioni. Alcuni famosi politici italiani sono molto bravi in questo. Essere sempre al centro dell'attenzione grazie a piccoli e divertenti scandali non è una "dote", bensì una chiara strategia utilizzata per conquistare la scena e per poter lasciare in secondo piano questioni calde o spinose.

Il guerrilla marketing si pone proprio questi obiettivi. Si tratta di una delle forme più in voga di marketing non convenzionale, ed è stato teorizzato negli anni Ottanta da Jay Conrad Levinson. L'idea parte dal presupposto di inventare delle strategie creative e virali per superare l'inferiorità finanziaria delle piccole e medie imprese. Deriva il proprio nome dal termine *guerrilla*, che identifica la forma di guerra condotta con mezzi non convenzionali da truppe irregolari, con pochi mezzi e un nemico soverchiante. La metafora e la terminologia militare esprimono bene la creatività, a volte anche aggressiva, che questo tipo di marketing utilizza per far leva sull'immaginario e sui meccanismi psicologici del proprio pubblico e per conquistarlo.
Alcune attività cercano di sfruttare le potenzialità di diffusione dei social media per promuovere in maniera aggressiva un prodotto. È il caso di

Blendtec,[11] azienda americana produttrice di frullatori. Quando il nuovo direttore marketing, George Wright, vide il CEO dell'azienda in officina intento a macinare le cose più disparate, ebbe l'idea di produrre la serie dei video *Will It Blend*,[12] in cui viene polverizzata ogni sorta di oggetto, dalle palline da golf agli iPhone! Il risultato di questa operazione? I video sono stati visti più di cento milioni di volte!

> *“Trasferendo il guerrilla marketing alle esigenze dei singoli, abbiamo coniato l'espressione personal guerrilla marketing.”*

Il guerrilla marketing è indicato quando una truppa, l'azienda, deve trovare modi per ottenere il massimo risultato, ossia attirare l'attenzione su di sé e sui propri servizi con pochi mezzi, contro un nemico sovrastante: il mercato. In un certo senso si tratta della stessa necessità di coloro che devono pubblicizzare il proprio personal brand con delle risorse limitatissime! Trasferendo il guerrilla marketing alle esigenze dei singoli, abbiamo coniato l'espressione *personal guerrilla marketing*.
Vediamo qui di seguito alcuni esempi di successo a partire dai biglietti da visita creati dal dentista di Michigan John Mullally, che raffigurano una bocca aperta attaccata ad alcuni pali per strada. Ogni volta che si stacca un biglietto, rigorosamente con nome, indirizzo e numero di telefono, è come se cadesse un dente, a rappresentare l'urgenza delle prestazioni del dottor Mullally.
Serena Basetti, dopo l'ennesima delusione lavorativa, decise di pubblicare sul suo blog un post provocatorio dal titolo: “Mi vendo per un posto di lavoro”, che a suo tempo fece molto scalpore.[13] Arrivata ai 30 anni senza alcuna prospettiva lavorativa, sballottata tra lavori in nero e contratti interinali, la ragazza optò per una provocazione estrema: usando lo pseudonimo di *Saradisperata* si disse pronta a concedersi per una notte in cambio di un posto fisso: “L'unica soluzione che riesco a trovare è vendere me stessa. Esatto, alla persona che mi offrirà un contratto reale a tempo indeterminato con uno stipendio minimo di 1.200 euro, concederò una, e soltanto una, notte di sesso.”
La notizia rimbalzò sui media e il blog ricevette in pochi giorni centinaia di migliaia di visite. Il post conta ora quasi 3.500 commenti! Nel giro di una settimana Serena ha ricevuto un'offerta per la pubblicazione di un libro che ha ottenuto un discreto successo.[14]

---

11. www.blendtec.com.
12. www.willitblend.com.
13. http://tinyurl.com/pbsara.
14. http://tinyurl.com/cvmusicale.

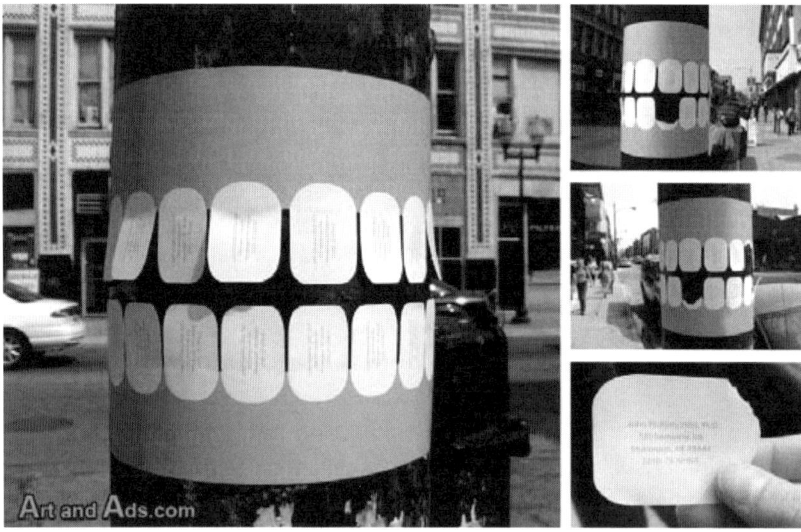

Figura 4.4 – Un'idea originale (e quasi a costo zero) può essere molto efficace!

Figura 4.5 – Il romanzo di Saradisperata: *Mi vendo*, Newton Compton, Roma 2007.

Un modo brillante di presentarsi per cercare lavoro è quello tentato da Meike, che ha cercato di farsi assumere da Google con un video in cui intervistava la sua rete sociale.[15] Non era lei a presentarsi direttamente, erano i suoi amici e familiari a descrivere le sue qualità, competenze e anche i suoi difetti.
Al Biedrzycki, invece, non si è limitato ad alcune interviste, ma ha realizzato un video musicale in cui ha letteralmente cantato le sue competenze messe in musica;[16] il video ha innescato un tale passaparola da suscitare l'interesse dell'emittente americana CNN, che ha proposto al ragazzo un'intervista.[17]
Tra gli altri esempi che si possono citare c'è quello del Web Product Manager Philippe Dubost che ha proposto un *curriculum vitae* in formato Amazon che è finito addirittura sulla CNN e quello di Adam Pacitti, giovane creativo inglese che, dopo aver speso sei ore al giorno per mandare più di 250 *curriculum vitae*, ha deciso di sfruttare le sue competenze e di spendere le sue ultime 500 sterline per un cartellone pubblicitario a Londra, scatenando l'interesse e la curiosità dei media dei blogger.[18]
Quello che è chiaro è che dopo aver generato attenzione e visibilità è fondamentale essere in grado di trasformarle in opportunità.
Il 30 marzo 2011, il giovane italiano Roberto Esposito[19] è entrato nel Guinness dei primati stabilendo il nuovo record mondiale di commenti a un singolo post sulla sua pagina Facebook.[20] Precedentemente, a detenere il primato era il gioco CityVille, con 292.288 commenti ma, tre mesi dopo aver lanciato la sfida al colosso della Zynga, il ragazzo è riuscito quasi a raddoppiarlo con oltre 560.000 commenti al suo post. All'inizio aveva ricevuto critiche dalla community degli esperti di Internet, non sembrava loro qualcosa di straordinario o che meritasse tanta attenzione da parte della stampa. A noi ha invece impressionato subito e abbiamo visto con piacere Roberto darsi da fare sin dai primi giorni di notorietà per farsi conoscere e per divulgare le sue competenze e la sua abilità in ogni occasione pubblica e in ogni intervista con i media.
Su invito di Greenpeace International il giovane si è dedicato alla campagna di protesta "Facebook: unfriend coal" con l'ambizioso obiettivo di convincere il social network ad abbandonare l'elettricità prodotta dal

15. Attualmente, il video non è più disponibile in modalità pubblica.
16. http://tinyurl.com/cvmusicale.
17. http://tinyurl.com/intervistacnn.
18. Per approfondire l'argomento: http://cent.lu/pgm-slide.
19. www.robertoesposito.com/biografia.
20. www.facebook.com/about.Rob.

carbone a favore delle energie pulite. L'iniziativa ha ottenuto uno straordinario successo e il 13 aprile 2011 la pagina Facebook dedicata è stata letteralmente bombardata dai messaggi di 80.000 persone in 16 lingue diverse, che hanno causato un rallentamento dei server e hanno stabilito il nuovo record mondiale di commenti in 24 ore. A distanza di pochi mesi il gigante di Internet ha annunciato che, impressionato dall'enorme partecipazione e successo della campagna, si sarebbe impegnato a rivedere la propria politica energetica attraverso il Facebook's Sustainability Program. E in proposito Roberto ha dichiarato: "Entrare nel GWR [Guinness World Records] non era però il mio obiettivo principale: da aspirante artista e startupper credo che l'arte stia anche nel saper trovare buone idee per emergere, riuscendo magari a incuriosire e a farsi notare da un editore, un investitore o un produttore. Il record serve a dare visibilità a ciò che faccio in ambito artistico e imprenditoriale."

E le opportunità sono arrivate. Il 5 ottobre 2011, Roberto è stato ospite di Pippo Pelo e Francesco Facchinetti su Radio KissKiss. I due speaker lo hanno sfidato a portare 10.000 nuovi iscritti alla loro pagina Facebook nel giro di una settimana: il giovane ci è riuscito in soli quattro giorni e mezzo. Pochi giorni dopo, grazie a un lungo articolo che *Il Mattino* ha dedicato alle sue imprese artistiche e imprenditoriali, è stato invitato dal Presidente dell'Unione degli Industriali di Napoli a far parte del team costituito per organizzare – insieme al Comune e alla Provincia di Napoli e alla Regione Campania – le regate dell'America's Cup World Series, il più famoso e prestigioso torneo di vela, nonché il più antico trofeo sportivo del mondo. Oltre a rilanciare sul piano internazionale l'immagine di una città pulita, innovativa ed ecologica, l'evento di Napoli ha ottenuto un incredibile successo in Rete (oltre 70.000 visite al giorno sul sito web e 740.000 interazioni a settimana sui social network) e sul lungomare durante le regate, dove è stato ampiamente superato il record mondiale di spettatori mai registrato prima dalla Coppa America (250.000 solo nel giorno di Pasquetta 2012). E così, il 14 aprile 2012, Roberto ha partecipato come speaker al TEDx Napoli, la conferenza internazionale dei più grandi innovatori del mondo.

Dalla primavera del 2011 Roberto lavora a una sua start-up di nome De Revolutione[21], una piattaforma social per trasformare le migliori idee in rivoluzioni di massa, unendo persone che condividono gli stessi obiettivi per creare agevolmente collaborazioni, dare voce a gruppi e organizzazioni e finanziare progetti privati o cause attraverso il crowdfunding. Le preiscrizioni raggiungono i 100.000 utenti solo in Italia, e proprio mentre stiamo

21. www.derev.com.

lavorando a questi testi, Roberto sta lanciando il suo progetto dopo aver accettato una proposta di investimento che ammonta a più di un milione di euro!

Cose che puoi fare oggi

- Rivedi il tuo CV o la tua biografia e pensa a come puoi inserire aspetti che li rendano più congruenti con il tuo brand.
- Allenati a presentarti e assicurati soprattutto che le persone a te più vicine abbiano ben chiaro il tuo personal brand: le migliori opportunità possono nascere da loro.
- Cerca tra le tue foto un'immagine adatta per la stampa e una per il tuo profilo su LinkedIn.
- Se dovessi raccontare la tua esperienza lavorativa come una storia, quali parole sceglieresti?
- Pensa ad almeno una strategia divertente di personal guerrilla marketing che potresti attuare.

CAPITOLO 5

SOCIAL NETWORKING

Una delle dimensioni più importanti del personal branding è il business networking, o semplicemente social networking, l'arte di costruirsi una rete sociale. Come ogni venditore è strettamente connesso alla sua rete di clienti, anche un professionista che vuole essere presente online, per quanto affermato, non può fare a meno di amici e colleghi da interpellare in caso di necessità. Nessuno può eccellere senza la sua rete di contatti.

Dan Schawbel, autore di *Me 2.0*,[1] racconta di come, nel 2006, abbia tentato di aprire il suo primo blog su tematiche legate allo sviluppo della carriera. I contenuti erano molto interessanti, almeno secondo i pochi feedback che riceveva, ma non riuscivano a raggiungere la popolarità sperata. Il problema, principalmente, era che Dan non aveva un pubblico in ascolto. L'autore aveva trascurato l'aspetto di networking e non si era preoccupato di stringere delle relazioni durature con altre persone interessate agli argomenti trattati nel suo blog. Ma questo esempio non riguarda solo la promozione di un blog: il tuo brand ha bisogno di un pubblico in ascolto e questo si trova tramite il networking.

La maggior parte degli annunci di lavoro per le posizioni aperte in azienda, al contrario di quanto si possa pensare, non vengono pubblicate; alcune stime riportano che solo il 20% delle offerte di lavoro è comunicato all'esterno. Il 10% delle ricerche è soddisfatto dalle società di selezione, mentre oltre il 70% delle posizioni viene trovato tramite il passaparola. Come per molte altre scelte, anche in questi casi preferiamo affidarci ad amici e conoscenti che stimiamo, e i respon-

1. Dan Schawbel, *Me 2.0*, Kaplan Trade, Chicago 2010.

sabili delle aziende fanno lo stesso: si avvalgono dei suggerimenti e dei consigli di dipendenti, fornitori e clienti, che spesso si rivelano capaci di raccomandare le persone più adatte al ruolo ricercato.
Indipendentemente da qual è il tuo percorso professionale, quindi, dovrai sempre curare al meglio il tuo network. Comincia dalle persone che conosci: amici, ex compagni di università, ma anche i familiari sono un'ottima base per aiutare a identificare competenze e punti di forza oltre che per tenerti aggiornato su nuove opportunità. Una delle modalità più immediate per sviluppare il processo di networking è accessibile attraverso gli incontri e i colloqui informali con conoscenti e nuovi contatti. Cerca di partecipare il più possibile a ogni occasione amichevole che ti può mettere in contatto con le persone; sarà più semplice scambiare informazioni, fare emergere nuove opportunità, ottenere suggerimenti, consigli e nuovi contatti.
Ricorda: per un personal brand il social networking significa visibilità.

Costruire un capitale sociale

Se la chiave del personal branding risiede nel passaparola, allora la tua rete di contatti è lo strumento di marketing più potente che hai a disposizione. È molto più facile concludere una vendita, costruire una partnership e creare una joint-venture con persone con le quali esiste un rapporto personale e di fiducia, piuttosto che con persone che hai appena conosciuto.
Del resto, come abbiamo già visto, la questione è: i futuri clienti si baseranno più sul tuo *curriculum vitae* o sull'opinione di coloro che hanno già usufruito dei tuoi servizi e possono garantire sulla tua reputazione?

La rete sociale, ossia il prodotto dell'attività di networking, contribuisce a formare quello che viene definito *capitale sociale*. La sociologia classica considera il capitale sociale come l'insieme delle risorse potenziali incorporate nelle reti di relazione degli individui. In altri termini: la somma dei legami sui quali una persona o un gruppo può contare per realizzare i propri obiettivi.
L'imprenditrice canadese Tara Hunt sta promuovendo il concetto di *moneta sociale* tramite il "Whuffie", termine inventato dal giornalista Cory Doctorow nel suo libro *Down and Out in the Magic Kingdom*.[2] Nel libro *Usare il potere dei social network per costruire la propria impresa*,[3] la Hunt illustra

2. Cory Doctorow, *Down and Out in the Magic Kingdom*, Tor Books, 2003.
3. Tara Hunt, *The Whuffie Factor: Using the Power of Social Networks to Build Your Business*, Tantor Media, 2009 (www.thewhuffiefactor.com).

come sono i piccoli gesti a permettere di acquistare fiducia e considerazione; per esempio: non sottovalutare i particolari, essere gentile con gli altri, relazionarsi in maniera aperta ed essere utili sono sicuramente ottime modalità di accrescere il proprio capitale sociale. A volte basta anche solo aiutare le persone che hai attorno.

Questo è un esempio realmente accaduto a Luigi: "Un conoscente mi racconta che un suo parente ha un problema legale molto spinoso. Mi chiede pertanto se conosco un professionista esperto di quella materia. Io passo la palla ad alcuni amici avocati affermati e, in poche ore, ricevo da ciascuno due nominativi di persone fidate. Ne contatto una, che in breve tempo risponde: 'Mi spiace, non mi occupo di questo tema, ma conosco uno specialista molto esperto che può esserti d'aiuto'."
Prova a contare il numero delle persone coinvolte in questa vicenda:

- il conoscente;
- Luigi;
- l'amico avvocato;
- il conoscente fidato dell'avvocato;
- lo specialista.

In cinque passaggi la rete ha messo in contatto un professionista con il suo nuovo cliente! Tutti ci hanno guadagnato e Luigi ha fatto un favore che ha permesso ad altri di fare altrettanto. Come scoprirai fra poco, questo è molto importante.
Quindi ricorda sempre che la tua rete di conoscenze contribuisce ad aumentare la tua vera ricchezza: il tuo capitale sociale.

Chi conosce chi

L'esperienza più importante che possiamo trarre dall'esempio che abbiamo fatto sopra è che non è poi così importante chi conosci tu, ma chi conosce te e, soprattutto, chi pensa proprio a te o è disposto a raccomandarti a qualcuno in merito a qualche esigenza. Rivolgendosi direttamente a te o suggerendo il tuo nome ad altri, quella persona mette in gioco anche la sua reputazione e compie un atto di estrema fiducia, un sentimento che occorre guadagnarsi sul campo e con azioni molto concrete.

Capisci ora perché è importante saper comunicare bene le proprie competenze? Se il tuo brand è forte nella mente dei conoscenti e si crea un rapporto di fiducia, saranno loro stessi a raccomandarti ai loro amici, fungendo in questo modo da garanti.

I tuoi amici e le tue connessioni più dirette sanno spiegare di cosa ti occupi, cosa sai fare e quali benefici apporta il tuo lavoro?
Nei prossimi paragrafi vedremo quali sono le strategie che i grandi networker utilizzano per costruire relazioni durature. Alcune di queste strategie provengono da un famoso articolo "The art of Schmoozing" di uno dei più noti imprenditori di Internet, Guy Kawasaki.[4]

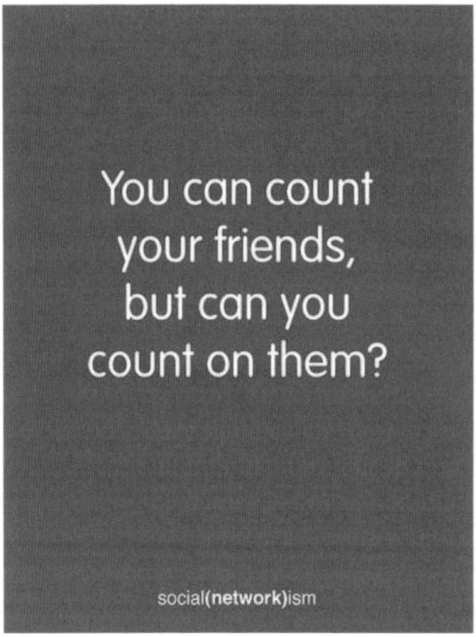

Figura 5.1 – Puoi contare i tuoi amici, ma puoi veramente contare su di loro?

Creare la tua rete prima che ti serva

In questo periodo di crisi sono poche le aziende che possono garantire tranquillità e sicurezza a lungo termine. Se questo è vero per i dipendenti, lo è ancora di più per i manager, figure professionali a rischio per definizione. Ci sono molti professionisti sul mercato con poco lavoro, cresce la disoccupazione e molti sono disponibili a ridurre prezzo e stipendio pur di trovare un'occupazione. Se però hai un forte network di persone che ti conoscono e che sono a conoscenza del tuo stato, allora sarà molto più facile ricollocarti

4. In italiano si può rendere con: "L'arte di coltivare le relazioni sociali." L'articolo tradotto è disponibile sul blog personale di Luigi Centenaro: http://tinyurl.com/artedelnetworking.

o trovare clienti. Per questo, oggi, nel mondo del lavoro la vera sicurezza deriva dall'aver sviluppato una robusta rete di contatti. Ma non c'è nulla di peggio di iniziare a lavorare sulla propria rete nel momento del bisogno impellente, come accade quando si deve cambiare lavoro in fretta e furia o si è in grande urgenza di trovarlo.

Il tipico segnale di una situazione come questa sono quegli utenti che improvvisamente iniziano ad aggiornare ripetutamente il loro profilo su LinkedIn (che invia gli avvisi di aggiornamento a tutte le connessioni) o che chiedono l'amicizia a casaccio e un aiuto in maniera diretta e brutale. Le persone possiedono una sorta di allarme interno che le mette sulla difensiva di fronte alle situazioni disperate e sono inconsciamente meno disposte ad aiutare in quei momenti in cui si sentono semplicemente sfruttate. Questo non è insomma né il tempo giusto né il modo migliore per sviluppare una rete sociale.

Il consiglio è perciò quello di creare la tua rete prima che ti serva, e vale anche per innumerevoli situazioni professionali.

Domitilla Ferrari[5] è Social Media Strategist in Mondadori. Molto presente online e agli eventi del settore, si contraddistingue grazie alla sua personalità pungente e arguta e per la grande capacità di entrare in relazione con le persone, ampliando continuamente la sua rete di conoscenze. Domitilla nel suo lavoro deve spesso coinvolgere influencer e personalità della Rete. Invece di porsi dall'alto del suo ruolo aziendale, come fanno molti del suo campo, sviluppa costantemente relazioni solide e autentiche con tanti interlocutori, ben prima che arrivi il momento di coinvolgerli in un'intervista o in un'iniziativa editoriale. Tutto ciò comporta grandi vantaggi non solo per il suo brand, ma anche per quello della sua azienda.

Il segreto del business networking

Quando i grandi networker conoscono qualcuno, la domanda che si pongono non è tanto: "Cosa può fare questa persona per me?" ma: "Cosa posso fare io per questa persona?"

5. https://twitter.com/semerssuaq.

Figura 5.2 – Una divertente vignetta ci ricorda perché gli amici sono importanti.

Potrà sembrarti strano ma si tratta, normalmente, di un atteggiamento spontaneo e sincero. Condividere qualcosa di utile, aiutare gli altri nella realizzazione di un progetto e connettere persone è da un lato un piacere a livello umano, dall'altro è il modo migliore per far nascere grandi opportunità.

Prova anche tu, la prossima volta che incontri qualcuno, a chiederti cosa puoi fare per lui e non il contrario.

L'importanza di una vita socialmente attiva

Qualsiasi sia il tuo campo, esistono sicuramente delle possibilità di incontri: fiere, mostre, eventi, conferenze, presentazioni, dimostrazioni. Se così non fosse, allora hai una grande occasione: quella di organizzare tu stesso dei raduni!

Internet, definita per anni dai media tradizionali come un luogo virtuale e spersonalizzante, ha sempre provocato l'esigenza di un'estensione fisica che completi l'incontro online. Si sono così sviluppate negli anni differenti dinamiche di aggregazione che hanno preso forme e modalità diverse. Una di queste è il BarCamp che, dall'autunno del 2005, ha avuto un notevole successo in Italia. La formula originaria prevede che venga abolita la distinzione tra spettatori e relatori: ogni partecipante a questo evento può (anzi dovrebbe) tenere una presentazione. Si tratta di incontri informali e auto-organizzati, nei quali le persone si scambiano informazioni, punti di vista ed esperienze, rispettando lo spirito di condivisione e partecipazione tipico del Web 2.0. Se in queste occasioni le presentazioni rappresentano un'ottima opportunità per apprendere e confrontarsi, le conversazioni parallele, che avvengono per lo più fuori dalle sale di presentazione, al pari dei coffee break dei convegni tradizionali sono il momento migliore per incontrare e conoscere nuove persone con le quali iniziare stimolanti discussioni.

Figura 5.3 – Una presentazione a un BarCamp. Le stanze piccole e il clima molto informale sono elementi fondamentali per favorire il networking (foto di Pandemia, Luca Conti, http://tinyurl.com/presentaz).

Il networking è soprattutto uno sport di contatto. Non puoi farlo solo al telefono o dal computer del tuo ufficio. Nei prossimi capitoli vedremo numerose strategie e servizi online per stringere amicizie e relazioni proficue, ma è tuttora meno probabile che tu possa chiudere un'opportunità con qualcuno che hai conosciuto solo online su Facebook o via Skype. Di solito, le relazioni che nascono con grande facilità online hanno comunque bisogno di solidificarsi al di fuori della Rete, prima di tramutarsi in amicizie o in seri rapporti di lavoro.

Biglietti da visita

Ogni volta che decidi di andare a eventi e appuntamenti dove incontrerai le persone, ricorda sempre di portare con te abbastanza biglietti da visita! Si tratta di uno strumento economico ma indispensabile, efficace e non invadente per introdurre te e il tuo brand a nuovi contatti, in qualsiasi momento.

Un biglietto da visita rivela chi sei e qual è la tua offerta, per questo deve essere il più chiaro possibile. A volte è utile per rompere il ghiaccio e presentarsi in maniera professionale senza essere percepiti come troppo aggressivi.

> ***“Un biglietto da visita rivela chi sei e qual è la tua offerta, per questo deve essere il più chiaro possibile.”***

Ecco alcuni consigli su come realizzarli.

Grafica

La grafica deve rispettare i criteri di personal design che abbiamo identificato nel Capitolo 4. È importante che sia in linea con quella utilizzata per personalizzare la tua presenza online, per esempio sul tuo blog personale o nello sfondo della tua pagina Twitter.

Una buona idea potrebbe essere quella di inserire una foto in primo piano, così come il tuo slogan: è molto più facile ricordare un viso associandolo a una frase.

Alcuni grandi networker scrivono sul retro del bigliettino le parole della conversazione appena avuta prima di darlo: qualche giorno dopo, con il bigliettino alla mano, per l'interlocutore sarà più facile collegare il volto e la persona al servizio, attraverso delle parole chiave.

Font

Anche a te sarà capitato di vedere dei biglietti stampati con un font microscopico. Ebbene, dipende ovviamente dal tipo di persone che ti interessano, ma difficilmente saranno apprezzati dai manager, tipicamente più anziani, ma assai più facoltosi: proprio quelli che interessano a te!

I biglietti devono contenere i dettagli che vuoi comunicare, ma devono comunque essere leggibili.

Contenuti

Rimuovi tutti i contenuti non essenziali. Non serve essere prolissi o ridondanti per posizionarsi come professionisti e suscitare una buona impressione. Presta attenzione anche all'organizzazione delle informazioni che vuoi dare: un buon biglietto da visita deve essere chiaro e immediato. Se produce difficoltà nel capire e nell'associare la persona a una determinata categoria, il biglietto perde gran parte della sua efficacia comunicativa.

Dettagli di contatto

Valuta con attenzione quali informazioni di contatto inserire. Metti solo il contatto che usi veramente o che vuoi che venga usato. È inutile inserire, per esempio, il tuo contatto Skype se poi sei quasi sempre offline e non disponibile! Così come è impensabile lasciare il numero di cellulare privato per lamentarsi poi di essere subissato da chiamate a tutte le ore.

Riferimento Web

Per quanto sia importante la prima impressione, è essenziale che il biglietto da visita inviti ad approfondire online quali sono le esperienze, i valori e le unicità del tuo brand. Per questo un blog o un sito web ben fatto sono indispensabili per qualsiasi business.

Fatti identificare

Durante gli eventi è difficile associare un viso a un sito o a un servizio. Se l'obiettivo è quello di conoscere persone è importante essere ben identificabili. Se seguirai le strategie online illustrate nei prossimi capitoli ti stupirai di quanti, per esempio a una fiera o a un convegno, diranno: "Ma tu sei quello di xyz.it! Io sono quello di abc.com, piacere di conoscerti!"
Nelle situazioni informali come i BarCamp, Andrey Golub, grande networker e co-fondatore di MilanIn, il club di business networking di Milano, gira con una maglietta gialla con stampato a chiare lettere il suo sito Internet Andreygolub.com: difficile non notarlo e, grazie alla sua simpatia e disponibilità, impossibile non fare due chiacchiere con lui!

Figura 5.4 – L'importante è farsi identificare in ogni modo.

Come piacere agli altri

È proprio semplice come sembra: il segreto per piacere agli altri e per andare d'accordo è andare d'accordo sul serio, fin dal primo incontro!
Sembra un gioco di parole, ma in una relazione partire con un dissenso non è il sistema migliore per lasciare una buona prima impressione all'interlocutore. Ovviamente non si tratta di mentire, dare ragione a priori o prendere in giro gli altri. Si tratta di trovare un punto di partenza, un valore in comune su cui costruire una relazione proficua per entrambi. Tutti abbiamo almeno un punto di vista facilmente condivisibile. Un interista e un milanista, per esempio, si guarderanno come cane e gatto, ma entrambi potranno concordare che Kakà per il Milan è stato il giocatore che faceva la differenza. Le conversazioni che poggiano sulle differenze raramente portano a qualche risultato, mentre siamo tutti più portati a continuare ad ascoltare qualcuno che è d'accordo con noi. È il modo nel quale funziona il nostro cervello: al simile piace il simile, ma apprendiamo mediante le differenze. Solo dopo aver trovato un punto d'intesa è possibile condurre le persone verso nuove idee.

Conversare senza dire una parola (o quasi)

Ma come si fa a trovare punti d'intesa?
Una delle strategie migliori è quella di fare domande. Il trucco per essere un buon conversatore non è quello di parlare tanto, è quello di far parlare tanto gli altri. Allo stesso modo, i migliori networker sono bravi ad ascoltare, non solo a parlare. Fai domande come: "Cosa fai?", "Da dove vieni?", "Come mai a questo evento?" O semplicemente: "Davvero?", "In che senso?".
Poi fermati ad ascoltare e lascia parlare gli altri: per ironia sarai ricordato come una persona interessante e come un gran conversatore.
Ricorda, però, che nessuno ama gli interrogatori! Per questo non è opportuno fare domande troppo dirette e personali.
Una delle maniere più educate di approfondire la conoscenza del tuo interlocutore è quella di ripetere le ultime parole da lui pronunciate. Per esempio, se alla domanda: "Di cosa ti occupi?", il tuo interlocutore risponde: "Gestisco un'attività che cura servizi per lo sport", tu potresti semplicemente ripetere: "Per lo sport?", in modo che l'altro potrà approfondire il concetto, scegliendo il taglio e il tipo di informazioni che desidera condividere con te.
Anche in questo caso occorre fare una puntualizzazione. Questo modo di comportarsi non può che nascere da un atteggiamento spontaneo: l'inte-

resse e il rispetto per gli altri e per le loro storie. Solo partendo da questo presupposto è possibile conoscere le passioni dell'interlocutore grazie alle quali iniziare una conversazione e quindi, trovato un punto di intesa o un interesse comune, far nascere una relazione.

Leggi di tutto

Per essere un buon networker devi essere pronto ad affrontare diverse tipologie di conversazione. Un segreto per ottenere un'ampia base di conoscenza a cui accedere durante le tue conversazioni potrebbe essere quello di tenerti informato su argomenti differenti, non solo attraverso la lettura delle riviste e dei quotidiani più diffusi, ma aprendo le tue esperienze a libri e contenuti online, soprattutto quelli più discussi e attuali, oppure ampliando ulteriormente i tuoi interessi (cinema, teatro, dibattiti, musica, manifestazioni culturali ecc.).
Inoltre, è sempre bene accennare alle proprie passioni. Parlare solo di lavoro è noioso e, alla lunga, logora. I buoni networker svelano le loro passioni solo dopo aver iniziato una conversazione ed è questo a renderli così interessanti. Non è poco essere ricordati come l'unica persona alla fiera della plastica che non parla solo di polistirolo espanso!

A proposito, per quando ci incontreremo, le passioni di Luigi sono la comunicazione, il golf e la macroeconomia, mentre quelle di Tommaso il Web, il calcio e le serie televisive americane.

Se non lo ricontatti non l'hai mai conosciuto

In inglese si dice *follow up* ed è una strategia importantissima.
Guy Kawasaki ammette di aver distribuito migliaia di bigliettini da visita nel corso della sua lunga carriera. A un certo punto ha pensato di sbagliare: se tutte quelle persone l'avessero richiamato, non sarebbe riuscito a gestire tutti quei nuovi contatti! Al contrario, le persone con cui ha interagito lo hanno fatto molto raramente!

> *“I grandi networker danno seguito al primo incontro con un contatto entro le ventiquattro ore successive, anche solo con una breve email.”*

I grandi networker danno seguito al primo incontro con un contatto entro le ventiquattro ore successive, anche solo con una breve email: “È stato un piacere incontrarti”, “spero che il tuo blog funzioni” o, ricordando le passioni del contatto: “In bocca al lupo per la prossima partita di golf.” Includi sempre almeno una peculiarità che mostri al tuo interlocutore che non stai mandando un'email predefinita a decine di persone.

Per fissare nella memoria delle persone conosciute di recente le conversazioni che hai intrattenuto, nel messaggio di follow up puoi includere:

- una formula di apprezzamento per il tempo trascorso insieme, per i consigli, le informazioni o i contatti che hai avuto;
- un riferimento ai punti principali discussi durante l'incontro ed eventuali tue considerazioni a riguardo;
- i tuoi prossimi passi, ossia come sfrutterai le informazioni e in generale il vostro incontro per il tuo futuro.

Uno dei più grandi esperti di vendita al mondo, John La Valle, autore del libro *Ingegneria della persuasione*, racconta che ogni tanto si presenta da un cliente al mattino portando giornale e brioche calde, per andare via poco dopo adducendo una scusa.
Non piacerebbe anche a te un fornitore così?

Fatti ricambiare i favori

Ricorderai forse la famosa commedia degli anni Novanta *Mickey occhi blu*, di Kelly Makin, interpretata da Hugh Grant. La fidanzata, figlia di un boss della mafia, raccomanda al compagno di non fare alcun favore al padre e ai suoi amici: "Basta un piccolo favore e diventi uno di loro!" Eppure, mafia hollywoodiana a parte, aiutare altre persone è una delle cose più belle della vita: trovare un lavoro a un conoscente nei guai, mettere in contatto due uomini d'affari, aiutare uno studente nell'impostazione della sua tesi o anche, semplicemente, suggerire una lettura o un link.

Figura 5.5 – Aiutare gli altri è un modo gratificante per comunicare e fare branding.

I grandi networker non solo fanno e restituiscono favori ma, in caso di bisogno, chiedono agli altri di sdebitarsi. Ti potrà sembrare egoistico. Ci sono persone che amano lasciare gli altri in debito, mentre alcuni possiedono semplicemente un animo altruista e si prodigano senza chiedere mai nulla in cambio.
Lasciare che qualcuno si senta in debito, però, potrebbe mettere una grande pressione nel vostro rapporto: può generare emozioni negative che non fanno bene al tuo brand.
Chiedendo la restituzione di un favore riporti la situazione in equilibrio, diminuisci la pressione e riconfiguri le condizioni per un nuovo scambio di favori. Inoltre scoprirai che gran parte delle persone che hai aiutato in precedenza avranno grande piacere nell'aiutarti a loro volta. Fare favori e restituirli è importante, ma chiedere un ritorno è quello che distingue i grandi networker.

L'importanza di possedere una strategia di networking

La capacità di creare e gestire una rete di contatti, fortunatamente, non richiede solo un talento innato, ma si può acquisire e rafforzare attraverso l'esperienza personale. Spesso le conoscenze migliori si fanno quando meno te lo aspetti, magari in vacanza o a una festa. Al contrario, nel caso di incontri organizzati, cerca di prepararti a sfruttare al meglio le opportunità.
Ecco alcuni suggerimenti che possono aiutarti a sviluppare alcune competenze importanti per il networking:

- **definizione del contesto**. Quando possibile, cerca di prepararti agli incontri ai quali partecipi. A volte basta una rapida ricerca per scoprire le persone invitate, gli ambienti nei quali si muovono o gli argomenti di loro interesse. Sarà più facile entrare in contatto con loro e fare una buona prima impressione;
- **socializzazione**. La priorità degli incontri di networking non deve essere quella di ottenere un'informazione o un favore, ma di entrare in contatto e socializzare con le altre persone. Partire direttamente con aspettative alte può rivelarsi controproducente e portare a qualche piccola o grande delusione;
- **pazienza**. Qualsiasi relazione e rete di contatti autentica richiede tempo e pazienza. È importante concedere tutto il tempo necessa-

rio a ogni relazione, poiché non tutti i rapporti sono uguali e si evolvono alla stessa velocità. Cerca di considerare ogni relazione come un evento a sé stante e di rispettare i tempi che l'interlocutore, più o meno direttamente, comunica;

- **fiducia in te stesso**. Se dimostri di avere fiducia nelle tue capacità sarà molto più facile avvicinare uno sconosciuto e avviare una conversazione. Una volta entrati in contatto, cerca di sorridere per comunicare tranquillità e mettere a loro agio gli interlocutori. Mantieni sempre la fiducia in quello che stai comunicando, anche qualora facessi qualche gaffe. In fondo fa parte del gioco;

> ***"Rispetta i movimenti e il tono del tuo interlocutore. Essere allineati anche a livello non-verbale è un elemento importante per mettere a loro agio gli interlocutori."***

- **linguaggio del corpo**. Rispetta i movimenti e il tono del tuo interlocutore. Essere allineati anche a livello non-verbale è un elemento importante per mettere a loro agio gli interlocutori;
- curiosità. Un sano desiderio di conoscere ed esplorare ti permette di affrontare con entusiasmo le nuove discussioni ed essere percepito come una persona interessata e interessante. Durante una conversazione impara a dimostrarti genuinamente interessato alla discussione;
- **attenzione**. Mantieni costante la concentrazione e l'attenzione sui tuoi interlocutori. Oltre ai nomi e ai visi cerca di memorizzare anche altri dettagli delle conversazioni. Sarà più facile, al contatto successivo, ristabilire il feeling creato durante l'incontro precedente;
- **utilità**. Se non riesci a essere d'aiuto o a favorire discussioni stimolanti e piacevoli, difficilmente un nuovo contatto si ricorderà di te e ti terrà presente per una nuova opportunità;
- **affinità**. Ogni persona è sempre aperta a interlocutori con i quali ha affinità. Per questo essere eclettico e avere molti interessi rappresenta un vantaggio nei rapporti con persone appena conosciute;
- **complimenti e consigli**. Non risparmiare i complimenti quando sono meritati: è un piccolo gesto per far capire quanto apprezzi l'altra persona. Allo stesso modo non aver paura di chiedere consigli: dimostra quanto consideri autorevole il pensiero e il giudizio dell'altro su un argomento specifico;
- **tieni le porte aperte**. Cerca di mantenere sempre il contatto con le persone che hai conosciuto. Al termine di ogni conversazione dai appuntamento all'interlocutore e cerca di favorire un nuovo incontro.

CAPITOLO 6

I MERCATI SONO CONVERSAZIONI

"I mercati sono conversazioni."
"I mercati sono fatti di esseri umani, non di segmenti demografici."
"Le conversazioni tra esseri umani *suonano* umane. E si svolgono con voce umana."
"Internet permette delle conversazioni tra esseri umani che erano semplicemente impossibili nell'era dei mass media."
"I mercati non vogliono parlare con ciarlatani e venditori ambulanti. Vogliono partecipare alle conversazioni che si svolgono dietro i firewall delle aziende."
"Sveliamoci e parliamo di noi: quei mercati *siamo Noi*. Vogliamo parlare con *Voi*."
"Forse fate una certa impressione sugli investitori. Forse fate una certa impressione in Borsa. Ma su di noi non fate alcuna impressione."
"Anche nel peggiore dei casi, la nostra nuova conversazione è più interessante della maggior parte delle fiere commerciali, più divertente di ogni sitcom televisiva, e certamente più vicina alla vita di qualsiasi sito web aziendale."

Quelli che hai appena letto sono alcuni dei punti del *Cluetrain Manifesto*. Si tratta di un documento di 95 tesi, raccolte nel 1999 sotto forma di manifesto, per ricordare simbolicamente l'opera sovversiva di Martin Lutero che diede avvio alla Riforma protestante; le tesi, infatti, richiamano con un messaggio diretto ed efficace l'impatto e i cambiamenti che Internet ha sui mercati e sulla relazione produttori-consumatori.

Il manifesto propone il superamento del modello broadcast e delle logiche di marketing di massa dei media tradizionali attraverso la pratica delle conversazioni online, capaci di trasformare radicalmente ogni business.
Se pensi al Web di qualche anno fa è facile immaginare uno spazio nel quale le informazioni erano trasmesse ai consumatori in maniera non molto dissimile da quanto fanno televisione, radio e giornali. La comunicazione promozionale propone contenuti spesso accattivanti, ma a senso unico: gli utenti si trovano cioè costretti a un utilizzo passivo di fronte all'alternativa tra ascoltare o rifiutarsi di prestare attenzione. In Rete non è necessariamente così. L'arrivo del Web 2.0 e l'affermazione dei social media hanno cambiato radicalmente la relazione tra emittente e destinatario e, di conseguenza, quella tra aziende e consumatori. Nel contesto di uno strumento interattivo, con il quale i navigatori hanno la possibilità di partecipare e rispondere a messaggi e stimoli, il modello di comunicazione che calza alla perfezione per la TV perde efficacia. I cosiddetti *contenuti generati dagli utenti*, le comunità online e i media sociali sono solo alcuni degli esempi di come le persone stanno riorganizzando la propria presenza e le proprie attività online a partire da logiche di confronto e collaborazione.
I media sociali sono gli spazi e gli strumenti che permettono agli utenti di pubblicare e discutere dei contenuti. Si contrappongono ai mass media, in cui i contenuti sono generati e proposti da un'organizzazione principale, attraverso un processo di sviluppo studiato sull'insieme delle persone. Così, se nei mass media abbiamo una trasmissione unica, nei social media possiamo trovare tanti piccoli contributi indipendenti, dal post di un blog a un commento allo stesso, da foto e video resi disponibili online a informazioni condivise all'interno di un servizio di social networking.
Con l'espressione *social media* ci si riferisce di solito agli strumenti e ai servizi propri del Web 2.0, dove l'informazione è generata e gestita dagli utenti della Rete. Più in generale, però, si tende a evidenziare il cambiamento del modo in cui le persone scoprono, usano e condividono le informazioni e i contenuti online: la conversazione alla quale eravamo abituati, "da uno a molti", si trasforma in un dialogo "da molti a molti". Si tratta di un cambiamento importante e irreversibile del modo in cui le persone si relazionano fra di loro, con le aziende e con i brand.
L'interattività, la fruizione in tempo reale e le caratteristiche proprie di Internet permettono di superare i limiti imposti dai media tradizionali, rendendo possibile una forma di comunicazione nuova, non più unidirezionale, e contraddistinta da alcuni elementi innovativi. Per esempio:

- **partecipazione**. I media sociali, per loro natura, incoraggiano i contributi e i feedback dei lettori e degli interessati. Le pratiche di classificazione, commento e condivisione delle informazioni si consolidano e si diffondono tra gli utenti. La classica distinzione tra emittente e audience perde di significato;
- **conversazione**. Mentre i media tradizionali ci hanno abituati a logiche broadcast in base alle quali il contenuto viene distribuito al pubblico che ne fruisce in maniera passiva, i media sociali reintroducono le pratiche di conversazione a due vie;
- **persistenza**. Le informazioni condivise sono presenti e disponibili anche per molto tempo dopo la loro pubblicazione;
- **trasparenza**. Le notizie false o imprecise possono essere facilmente corrette. Mentire volontariamente diventa difficile;
- **community**. Attorno a un argomento o a un oggetto sociale si formano comunità di appassionati estremamente dinamiche, interessate a confrontarsi e a scambiarsi opinioni pur non avendo necessariamente alcun tipo di riscontro.

“Alla base di ogni media sociale ci sono i contenuti, il materiale che gli utenti generano e condividono.”

Alla base di ogni media sociale ci sono i contenuti, il materiale che gli utenti generano e condividono. Nella prima fase del Web 2.0 si utilizzava l'espressione *User Generated Content* per descrivere i contenuti generati dagli utenti all'interno di siti che si presentavano sempre più come contenitori in attesa di ricevere i contributi delle persone: articoli, commenti, recensioni, fotografie. Basti pensare, per esempio, a cosa sarebbe un servizio come YouTube senza i video dei suoi utenti.

I contenuti dei social media hanno caratteristiche abbastanza differenti da quelle dei media tradizionali:

- hanno una natura informale: a volte sono materiali “grezzi”, ma quasi sempre autentici;
- riflettono le opinioni reali delle persone: non esistono intermediari o redazioni che filtrano i contributi;
- generano normalmente fiducia in quanto sono creati da persone come te, che non hanno interesse a vendere niente, e che condividono i loro contenuti per essere di aiuto agli altri;
- sono complessi da gestire nel loro insieme perché sono destrutturati, a volte anonimi e hanno diversi livelli di qualità;
- non sempre hanno un solo autore: spesso vengono valutati, giudicati, commentati e anche riutilizzati da altre persone;

- riequilibrano il rapporto con le aziende, restituendo potere alle persone.

L'evoluzione del Web secondo logiche collaborative e partecipative ha reso obsoleta la classica distinzione tra produttori e consumatori di contenuti, dando origine alla categoria definita *Prosumer*, dall'unione delle parole inglesi *producer* e *consumer*. Si tratta, cioè, di utenti che consumano e generano contenuti allo stesso tempo. La diffusione di applicazioni gratuite e di semplice utilizzo, i limitati costi di accesso e la connettività estesa hanno dato luogo a una massa di navigatori che si relazionano gli uni con gli altri a partire dai propri contenuti e dalla propria voglia di esprimersi. Il Web 2.0 prende anche il nome di Web sociale: attraverso la condivisione di esperienze, valutazioni soggettive e giudizi sui comportamenti di persone e organizzazioni, la Rete diventa un'enorme piazza dove è possibile trovare di tutto.

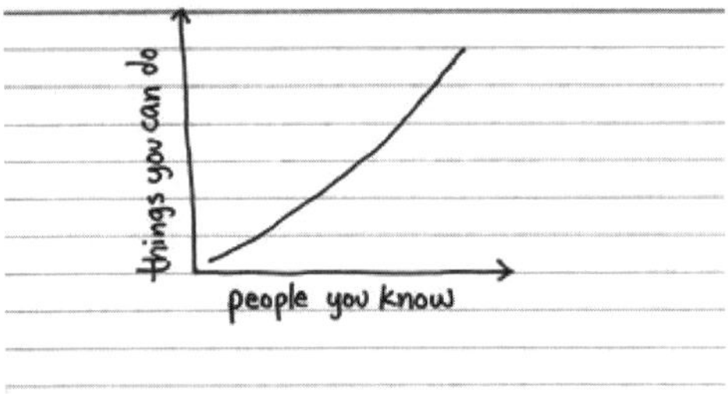

Figura 6.1 – Un grafico che rappresenta il Web 2.0. Le due variabili sono: "persone che conosci" e "cose che sai fare".

L'opportunità, per i brand, è quella di entrare in questi nuovi spazi online e di usarli per ascoltare, rispondere, influenzare le scelte dei navigatori e collaborare. Un percorso che richiede, per ogni livello, un coinvolgimento crescente delle aziende e dei professionisti. I media sociali sono un'occasione semplice ed efficace per condurre ricerche di marketing, monitorare un marchio e conoscere giudizi e opinioni delle persone su prodotti e servizi. Il passo successivo, una volta riscontrati giudizi e opinioni online, sarà quello di rispondere, entrare in contatto e inserirsi nelle conversazioni già avviate. Bisogna dunque parlare *con* i consumatori, non *ai* consumatori.
La differenza sembra sottile, ma non lo è. Solo confrontandosi alla pari con le persone è possibile conquistare la loro fiducia. È un investimento a lungo termine che richiede un cambio di mentalità radicale: considerare le persone non più come consumatori da sedurre a ogni costo, ma partner nel processo di crescita e di creazione di valore di qualsiasi brand.

Come i social media stanno cambiando il business

Al centro dei social media ci sono le persone. Internet e il Web 2.0 non sono mai stati una questione di tecnologia, sebbene, in un primo periodo il Web fosse un mondo composto in prevalenza da esperti di informatica.

La Rete non connette computer, ma persone

Ogni attività che avviene online, in particolare all'interno dell'universo dei social media, deve tenere conto di questo assunto.
Per una comunicazione efficace attraverso questi strumenti non è sufficiente aprire un blog e iniziare a scrivere o a raccogliere quanti più clienti possibile all'interno di una community. Per avere successo – in questo settore non valutabile utilizzando le metriche tradizionali – è indispensabile adottare una nuova cultura e prepararsi a profondi cambiamenti. Occorre trovarsi in mezzo alle persone e mettere le persone al centro del proprio business: entrare in contatto, ascoltare, rispondere, mettersi in gioco, condividere, collaborare. Se per un'azienda si tratta di un percorso lento e macchinoso, per un professionista che si dedica al suo brand personale è un'opportunità da cogliere all'istante.
Molte aziende, non solo le più grandi, stanno assumendo team dedicati al blogging, alla gestione dei servizi di social networking o, più in generale, alle attività sui social media. Può essere una soluzione, a patto che il team non sia un'entità separata, ma che sappia coinvolgere le persone di ogni reparto all'interno delle varie conversazioni che affronta e produce. L'opportunità di partecipare a un dialogo diretto e sincero con clienti, partner commerciali e altri impiegati non deve essere vista come una perdita di tempo, ma come un momento di incontro fondamentale con il pubblico di riferimento, o come un'opportunità formativa paragonabile, per efficacia, ai corsi di aggiornamento interni.
C'è addirittura chi, considerando le famose "quattro P" del marketing, cioè **P**rodotto, **P**rezzo, **P**osto e **P**romozione, propone un'altra leva fondamentale per raggiungere qualsiasi obiettivo di vendita: la **P**artecipazione. Partecipazione come capacità di entrare in contatto reale con i propri consumatori. Un cambiamento profondo, che prevede un nuovo modo di comunicare all'insegna della trasparenza e della condivisione, con un linguaggio informale e basato su una relazione con gli interlocutori costante e continua. Un altro fattore chiave per conquistare la fiducia delle persone

è l'autenticità. Per essere accettati all'interno delle conversazioni è assolutamente necessario essere trasparenti.
Si tratta di sfide importanti. Una delle paure più diffuse è la cattiva pubblicità, che online può avere una risonanza e degli effetti considerevoli. Così succede spesso che aziende e professionisti di vecchio stampo preferiscano evitare di addentrarsi all'interno di spazi rischiosi, dove ognuno può dire la sua senza alcuna difficoltà, a volte superando anche i limiti del rispetto e delle buone maniere. Salvo poi accorgersi che se un prodotto, una prestazione o un servizio non sono stati apprezzati da un cliente, ci si troverà di fronte ad attacchi diretti e a giudizi negativi su altri siti, spesso molto più visitati del sito istituzionale. E, se si tratta di critiche condivise e giustificate, è possibile che trovino anche un posizionamento elevato sui motori di ricerca. Appunti e opinioni negative ci saranno sempre, anche per il miglior prodotto sul mercato: a maggior ragione, quindi, occorre essere presenti per avere l'opportunità di far sentire la propria voce. Avere un'identità riconosciuta e una reputazione rappresenta un valore e un grosso vantaggio: sarà più semplice risultare credibili, argomentare e offrire un'interpretazione differente o – perché no? – accettare la critica. Nel momento in cui si mantiene un atteggiamento coerente, autentico e trasparente, è possibile sfruttare a proprio vantaggio anche un giudizio negativo.

ONLINE
BRAND = $\underset{\text{(Investment)}}{I} \times \underset{\text{(Time)}}{T} \times \underset{\text{(Social Activity)}}{Sa}$
EQUITY

Figura 6.2 – Per il blogger Mike Arauz il valore di un brand online è il prodotto dell'investimento per il tempo speso per l'attività sociale svolta.

In un contesto così aperto e dinamico i social media rappresentano un canale ideale per affermare e comunicare il proprio brand personale. Con modalità semplici e alla portata di tutti è possibile comunicare le proprie

competenze professionali, rendere disponibili i propri contenuti e partecipare a numerose conversazioni stimolanti e gratificanti. Il passaparola che può generare una discussione, così come un contributo utile a molti, permette di aumentare notevolmente la visibilità e, di conseguenza, di migliorare la reputazione di ogni persona.
Uno degli esempi più significativi in questo senso è la storia di Lindsey Stirling,[1] giovane violinista e danzatrice statunitense. La ragazza, nonostante una partecipazione al popolare programma televisivo *America's Got Talent*, è sempre stata respinta delle major discografiche, che reputavano la sua musica poco adatta al mercato. Per questo ha deciso di utilizzare la Rete, e in particolare YouTube, come canale di promozione e distribuzione.

Figura 6.3 – La violinista americana alla fine di una delle sue riprese all'aperto.

Il suo stile unico fatto di costumi, danza e scenari inusuali, assieme alla musica molto particolare, hanno portato quest'artista semi-sconosciuta ben oltre la popolarità che avrebbe avuto con una casa discografica media. Il suo canale YouTube oggi vanta 960.680 iscritti e oltre 16 milioni di visualizzazioni. Come a sottolineare che YouTube non genera solo fenomeni come Justin Bieber...

1. http://lindseystirlingviolin.com.

L'economia della reputazione

Le aziende spendono continuamente soldi e risorse per promuovere e rilanciare il proprio brand. Obiettivo prioritario di qualsiasi strategia di marketing è che i prodotti e il brand godano di una buona, se non ottima, reputazione. Tuttavia, come hai appena letto, online può bastare un singolo post di un piccolo blog per compromettere la fama e il credito costruiti nel tempo. Questo perché la Rete e l'affermazione dei principi di partecipazione e condivisione del Web 2.0 hanno determinato grandi cambiamenti: i monologhi aziendali sono stati sostituiti da numerosi dialoghi paritari nei quali le persone e i consumatori si confrontano allo stesso livello delle aziende più grandi. Il Web 2.0 e l'affermazione di un modello di comunicazione alternativo al broadcast, dove non esiste più un unico organismo che trasmette, hanno annullato sul piano dei rapporti le differenze tra le persone. Per questo, insieme a grandissime opportunità, qualora la comunicazione e le regole non vengano rispettate può presentarsi una serie notevole di situazioni rischiose.

Il Web 2.0 offre uno scenario nel quale chiunque può pubblicare recensioni, esperienze e opinioni su un prodotto o un servizio. I consumatori e gli utenti online non parlano necessariamente dei brand. Generalmente discutono di argomenti specifici di loro interesse; a volte, però, capita che al centro dell'attenzione vi sia un brand. Per esprimere un giudizio le persone si trovano di fronte a una moltitudine di possibili spazi: blog, forum, siti tematici e altri strumenti ancora. Per questo, accanto a chi preferisce rimanere invisibile, ci sono aziende che lottano per conquistare l'attenzione delle persone. Sanno che l'impatto che blogger e navigatori, con le loro opinioni, possono avere sui brand non è mai stato così forte. Diverse ricerche americane, qualche anno fa, hanno dimostrato che oltre la metà degli intervistati definisce attendibili i giudizi letti online, pur non conoscendone personalmente gli autori; e tali esperienze e opinioni concorrono a definire le scelte di acquisto.

Il cambio di prospettiva offerto dal Web 2.0 ha anche conseguenze sul modo con cui si devono comportare aziende e individui, sia online sia nelle interazioni del mondo "reale" con clienti ed interlocutori.

Qualche tempo fa, un caso che accese discussioni e polemiche fu lo studio dell'imprenditore e docente dello Iulm Marco Camisani Calzolari nei confronti di Beppe Grillo e altri politici italiani. L'analisi di Camisani Calzolari dimostrava come buona parte dei follower di Twitter del comico genovese, come quelli di aziende e altri personaggi famosi, avessero un comportamento da "bot" e quindi potessero anche essere utenti finti, acquistati per incrementare il seguito di Grillo. Per arrivare alle evidenze pubblicate fu utilizzato un software in grado di analizzare un campione di follower individuando "sulla base di parametri oggettivi" quali rispondevano a persone in carne e ossa e quali erano stati sviluppati da programmi automatici. I finti profili detti "bot" possono essere paragonati a forme di spam. Una realtà abbastanza diffusa in Rete, che riguarda tutti e probabilmente si moltiplica su profili di grande richiamo come possono essere quelli di politici e vip, senza che questi ultimi ne siano a conoscenza. Oppure un fenomeno che può avvenire in maniera strumentale e sistematica, con acquisizioni precise di pacchetti di falsi utenti, che numericamente si aggiungono al seguito naturale e autentico. E che rappresentano un primo ma discutibile indicatore di popolarità in Rete.

La risposta di Beppe Grillo al ricercatore non si è fatta attendere e, dalle pagine del suo blog, il comico ha risposto attaccando in maniera molto diretta: "Marco Camisani Calzolari, re di Twitter, propagatore di falsità sul mio account, realizzò Forzasilvio.it per Berlusconi"; e ancora: "Ecco chi è Marco Camisani Calzolari. La memoria della Rete non perdona! Ha realizzato il network ufficiale dei sostenitori di Berlusconi, www.forzasilvio.it, per il quale è anche consulente per attività di comunicazione digitale."

I supporter di Grillo si sono mobilitati lanciando e attivando un appello per intasare la casella email di Calzolari con messaggi di protesta, al grido di: "Beppe chiama, la Rete risponde! Al mio segnale scatenate l'inferno!" E ancora: "Facciamogli vedere quanto siamo umani e poco bot!" Calzolari, attraverso il suo profilo Twitter raccontò anche di insulti e intimidazioni che avrebbe subìto dai seguaci di Beppe Grillo.

> *"Blog, wiki, forum, social networking, siti per la condivisione di foto e video: nel Web 2.0 ogni individuo diventa un piccolo editore."*

Questo episodio è esemplificativo di come, nel giro di pochi anni, siano cambiate le logiche di gestione della reputazione. Fino a qualche anno fa alle aziende bastava curare la comunicazione sui canali principali, dai giornali alla televisione, per gestire bene la propria immagine. Le singole persone difficilmente riuscivano a generare un passaparola sufficiente a minare la reputazione di un personaggio più o meno famoso o a minacciare il fatturato di un'azienda. Oggi, grazie ai media sociali, chiunque è in grado di condividere informazioni e contenuti senza difficoltà, collaborare e discutere attorno a un argomento o a una passione comune e descrivere esperienze e giudizi riguardo un brand. Blog, wiki, forum, servizi di social networking, siti per la condivisione di foto e video: nel mondo del Web 2.0 ogni individuo diventa un piccolo editore.

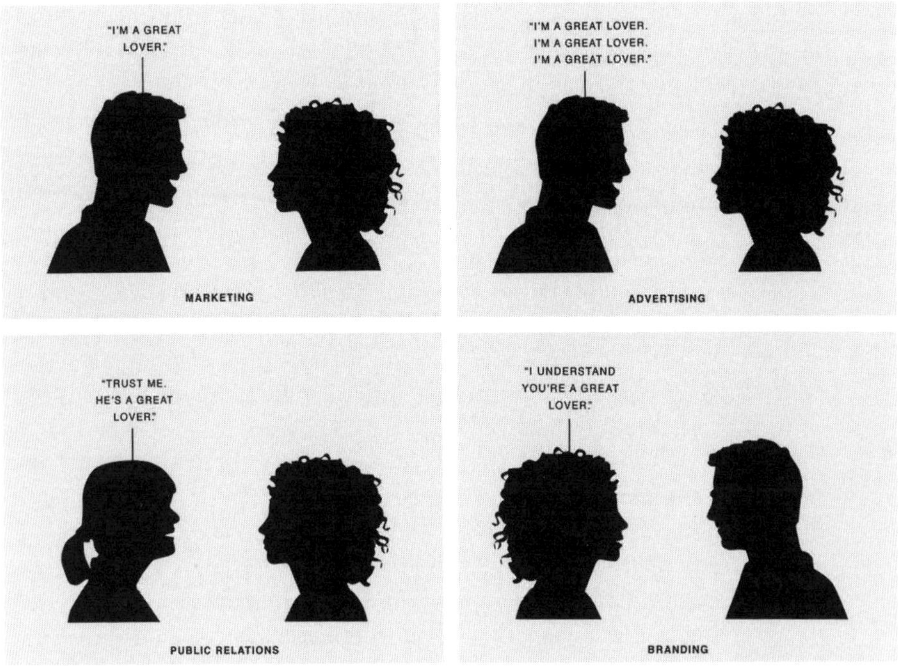

Figura 6.4 – Uno schema semplificato e divertente di come lavorano le varie attività di comunicazione: un brand ha una sua reputazione nella mente delle persone.

Se nella comunicazione tradizionale, quella adottata inizialmente dai siti web e dalle campagne di email marketing, eravamo abituati alla voce dell'azienda, da ascoltare e accettare quasi in religioso silenzio, con le conversazioni online la voce del cliente prende sempre più peso. Una voce onesta, diretta, ogni tanto poco raffinata, a volte sarcastica, ma sicuramente più interessante di quella istituzionale e impersonale delle aziende.

Se un tempo un brand veniva progettato in una stanza a porte chiuse, oggi è anche il risultato delle conversazioni delle persone, siano esse positive o negative: *il brand è fatto dai clienti, non più solo dalle aziende.*

Per questo diventa importante capire come monitorare e gestire i vari contributi online che lo riguardano.

Al mondo esistono milioni di blog e la popolazione dei servizi di social networking è in costante crescita. Non è necessario seguire ogni conversazione. Il segreto è concentrarsi sulle discussioni rilevanti per te e per il tuo brand. Per questo, nelle prossime pagine, vedrai come ricercare opinioni e giudizi interessanti o come affrontare un commento negativo. E, puoi esserne certo, prima o poi un commento negativo arriverà. Pensa alle diverse opportunità che avrai:

- ignorarlo e rischiare di perdere il controllo della risonanza che avrà in Rete;
- entrare in contatto con le persone scontente, parlare con loro per chiarire e risolvere al meglio la situazione.

Personal branding e social media

Se la reputazione e l'immagine di una persona dipendono da quello che gli altri dicono sul suo conto in Rete, allora a definire il tuo personal brand non è ciò che dici ma, piuttosto, quello che condividi, le conversazioni a cui partecipi e la capacità di mantenere la promessa di valore che sostieni. I social media, in particolare, possono essere molto efficaci per sviluppare e rafforzare il tuo posizionamento. Per capitalizzare al meglio tutte le opportunità nascoste occorre avere chiari alcuni elementi chiave:

- **creare contenuti interessanti e coinvolgenti**. Per entrare in contatto con le persone è indispensabile offrire dei contenuti che gli utenti possano apprezzare e discutere. In questo modo i navigatori saranno stimolati a visitare nuovamente un sito o uno spazio online relativo al brand. I blogger potranno riconoscere come interessante e degno d'attenzione un certo contributo, premiandolo con un link e invitando i lettori a esaminare e a discutere ciò che è stato condiviso. È la prima delle strategie ed è fondamentale per farsi trovare: più link si riceveranno e migliore sarà il posizionamento sui motori di ricerca. Tutto a partire dai contenuti. I contenuti sono infatti la chiave di tutto;
- **creare contenuti attuali**. Occorre essere costantemente aggiornati per capire quali siano gli argomenti di interesse dei lettori e dei propri utenti. Pur avendo chiara una strategia editoriale, sarà sempre indispensabile verificare i temi di interesse e confrontarsi con le persone per affinare e migliorare le proprie proposte. La Rete evolve continuamente. Ormai in alcune comunità gli argomenti diventano "in" o "out" anche solo nel giro di poche ore;
- **incoraggiare l'interazione**. Che si tratti di un blog, di uno spazio all'interno di un servizio di social network o di un video condiviso su YouTube, il primo obiettivo dovrà sempre essere quello di invitare gli utenti a contattarti, a comunicarti le proprie considerazioni

e a confrontarsi con te. Ogni discussione permette uno scambio di opinioni, oltre che una nuova modalità di incontro. E se all'inizio gli sforzi sembrano non essere ricompensati, ricordati della cosiddetta *regola dell'1%*: negli spazi partecipativi online l'1% dei soggetti contribuisce con contenuti propri, il 9% commenta e interagisce apertamente, mentre il restante 90% si limita ad apprezzare i risultati senza manifestarsi;

> ***“Online, l'1% dei soggetti contribuisce con contenuti propri, il 9% commenta e interagisce, il restante 90% si limita ad apprezzare i risultati senza manifestarsi.”***

- **promuovere la condivisione**. Se un utente apprezza un contenuto deve avere la possibilità, se lo desidera, di condividerlo con i suoi contatti nella modalità che preferisce. Mettere la foto di un tuo prodotto sul suo profilo Facebook, includere un tuo video nel suo blog o aggiungere una tua guida in formato PDF alla libreria Scribd.com: sono tanti gli esempi di contenuti che si diffondono tra network diversi;
- **aggiornare con costanza e frequenza**. Qualsiasi attività sui social media richiede aggiornamenti costanti e in linea con le attività del brand. Occorre essere coerenti con lo stile e il linguaggio utilizzati per diventare attendibili agli occhi delle persone;
- **ascoltare il proprio pubblico**. Leggere quanto si dice a proposito del brand e della categoria di riferimento è importantissimo. Tanto quanto entrare in contatto con queste persone, rispondere e avviare discussioni. Se i commenti sono positivi, puoi pensare al modo migliore per promuovere queste opinioni e renderle disponibili ai potenziali clienti. Se si tratta di giudizi negativi, prova ad analizzarli e a capire se rappresentano spunti per migliorare il servizio o i prodotti;
- **promuovere le attività**. Se nessuno è a conoscenza del tuo lavoro, ogni sforzo risulterà vano. I social media non devono sostituire le attività di marketing e comunicazione tradizionali, ma diventare parte integrante di ogni processo: dal sito web alle attività di comunicazione, occorre sfruttare queste possibilità per promuovere ogni iniziativa, offrendo un nuovo spazio di incontro e confronto.

Per mettere in pratica questi suggerimenti bisogna superare la visione di blog e servizi di social networking come semplici strumenti per comunicare e restare in contatto con amici e conoscenti. Piuttosto è importante definire quali saranno i punti di partenza per il tuo brand personale.

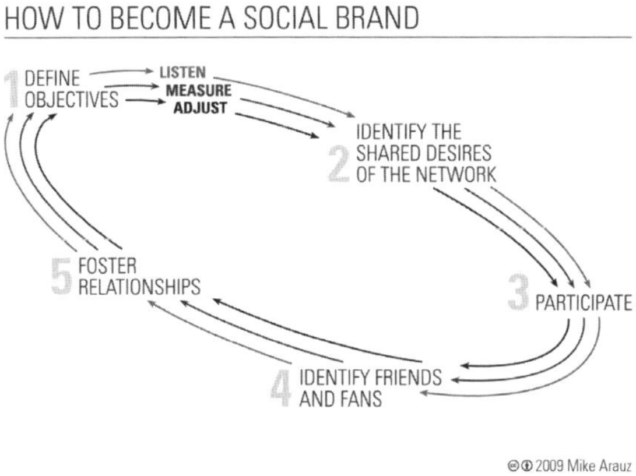

Figura 6.5 – Mike Arauz rappresenta il "processo sociale" di un brand in cinque fasi: 1) definire gli obiettivi, 2) identificare uno o più argomenti di conversazione convincenti, 3) partecipare, 4) identificare amici e fan e 5) far crescere le relazioni. I punti chiave per il successo di queste azioni sono: l'ascolto, la misurazione e l'adattamento.

Personal branding diffuso

Se, fino a qualche anno fa, il metodo più efficace per costruire una forte presenza online era quello di crearsi il proprio sito personale, unico e ben definito, oggi questo non è più necessario. I servizi di social networking offrono una piattaforma semplice, immediata e facile da gestire per definire e comunicare la tua identità online in maniera diffusa. Del resto, oggi è così che si realizza la nostra attività su Web. Servizi come Facebook, LinkedIn, Instagram, Pinterest e altri permettono di aprire un tuo spazio da personalizzare con le informazioni che preferisci per rappresentare al meglio te stesso e il tuo brand. Questi servizi possono anche diventare un aggregatore delle tue varie attività e presenze online, raccogliendo tutti i contributi sparsi in Rete.

Sempre più social network offrono la possibilità di presentare le attività su altri diversi servizi. Se, per esempio, un utente frequenta servizi quali YouTube, Twitter e Facebook, avrà la possibilità di esportare le proprie attività in un formato chiamato *Feed RSS*. Aggregando i vari Feed e presentandoli in maniera più o meno automatica all'interno di un'unica pagina, l'utente è in grado di offrire il *lifestream*, ossia il flusso dei dati di ogni servizio ordinati cronologicamente. In questo modo le persone particolarmente attive in Rete non solo non vedono disperdersi i loro numerosi contributi, ma hanno un punto di riferimento dal quale i loro lettori possono attingere costantemente. La pratica di incanalare i contributi più interessanti e rappresentativi all'interno di un unico sito è un'ottima modalità di presentazione del proprio personal brand. Ma i servizi di lifestream e i social network non sono gli unici strumenti per aggregare la propria identità e definire la propria reputazione. I blog rappresentano tuttora il miglior modo per condividere idee, pensieri, osservazioni e conoscenze sui temi relativi al tuo brand. A differenza di altri servizi, dove prevalgono contributi brevi e concisi, un blog permette di condividere testo, audio, video, immagini e altro ancora per approfondire in maniera efficace ogni tema. Inoltre, un blog ha indirettamente una conseguenza molto importante sul posizionamento dell'autore in Rete. Con il crescere dell'archivio, generalmente organizzato per categorie e per parole chiave, un blog diventa una raccolta di conoscenze su uno o più temi specifici, anche per i motori di ricerca. I blog sono indicizzati sia dai motori di ricerca dedicati sia da quelli generali, e la loro natura fatta di link e di testi strutturati è valutata positivamente rispetto alle altre forme di pubblicazione. Il risultato sarà quello di apparire in una posizione più alta nella pagina dei risultati per le ricerche con determinate chiavi.

“I blog rappresentano tuttora il miglior modo per condividere idee, pensieri, osservazioni e conoscenze sui temi relativi al tuo brand.”

La lunga coda dei mercati di nicchia

I social media sono a tutti gli effetti un potentissimo amplificatore del tuo brand. Ma questo non è il solo motivo per cui Internet è l'ambiente privilegiato per le tue strategie di personal branding.

Nelle pagine precedenti abbiamo insistito molto sui vantaggi della specializzazione come elemento distintivo in grado di far emergere e affermare ogni valido professionista all'interno del proprio settore specifico. Oggi, grazie alle caratteristiche della Rete, adottare una strategia di specializzazione è ancora più semplice. Possono essere identificati tre elementi che regolano il cambiamento di Internet in questo processo. Sono tre leggi ispirate a un famoso libro, che fin dalla sua pubblicazione, nel 2006, è stato al centro di numerose discussioni: *La Coda Lunga*, scritto da Chris Anderson.[2]

2. Chris Anderson, *La coda lunga*, Codice Edizioni, Torino 2007.

Figura 6.6 – La copertina dell'edizione italiana di *La coda lunga*, di Chris Anderson.

Prima legge: democratizzazione dei mezzi di produzione

I costi della tecnologia stanno progressivamente diminuendo. Telefoni, personal computer, macchine fotografiche e videocamere, complice l'inarrestabile progresso tecnologico, non solo hanno un ciclo di vita molto limitato, ma diventano sempre più accessibili. Il prezzo di molti prodotti tecnologici non rappresenta più una barriera di accesso che separa gli utenti amatoriali dai professionisti. Anche grazie a questo ampliamento di utenza la facilità di utilizzo degli ultimi ritrovati della tecnologia è aumentata notevolmente. La società attuale offre prodotti sempre più economici e semplici da utilizzare. Molta di questa tecnologia è incentrata sulla possibilità di espressione per il consumatore: dal ragazzino di 14 anni all'anziano di 90, ogni persona ha a disposizione almeno uno strumento per esprimersi e creare contenuti, siano essi foto, video, musica o altre opere. È in atto un vero e proprio processo di democratizzazione: si moltiplicano gli strumenti a disposizione, il numero di persone coinvolte in questo processo e gli spazi nei quali i contenuti vengono immagazzinati e condivisi. Ogni persona diventa autrice e produttrice di contenuti. In Rete spopolano i contenuti generati dagli utenti; spesso si tratta di opere destinate a poche persone, amici o appassionati di un determinato argomento, ma comunque degne di essere pubblicate. Talvolta, al contrario, contributi di artisti semi-sconosciuti o di utenti comuni, in qualche caso anonimi, conquistano l'interesse di molte persone, tanto da minacciare prodotti di star blasonate o major importanti. Queste ultime si sono improvvisamente accorte di avere un nuovo rivale da fronteggiare nella corsa alla conquista dell'attenzione delle persone in Rete: le persone stesse!

Seconda legge: la semplificazione dei processi di distribuzione

Prima dell'avvento di Internet, il potere di creare e distribuire contenuti era in mano alle aziende capaci di affrontarne i relativi costi. Queste cercavano in tutti i modi possibili di legare l'utente-consumatore al proprio prodotto, tentando anche di limitare l'utilizzo aperto di quest'ultimo. Dalla lotta alla pirateria alla guerra per i vari standard, prima musicali, poi legati ai contenuti video, le persone si sono sempre trovate a subire le scelte delle multinazionali guidate da logiche di mercato. Oggi la Rete permette agli utenti di svincolarsi e di accedere ai contenuti desiderati per utilizzarli nelle modalità che ognuno preferisce. Trattandosi di contenuti digitali, diventa possibile accedere a essi da numerosi dispositivi, come PC, cellulari, palmari o lettori ebook, per utilizzarli e condividerli negli spazi preferiti: email, social network come Facebook, servizi di condivisione multimediale come YouTube, Flickr e altri. La banda larga non è ancora un bene disponibile per tutti, ma chiunque, almeno nei Paesi occidentali, ha a disposizione più di un modo per accedere alla Rete. Per i beni digitali si tratta di una rivoluzione epocale. Considera come è variato il costo per mantenere online un catalogo di prodotti o di servizi: è pari o prossimo allo zero! Un video caricato su YouTube ha un costo infinitesimale se comparato con tutti i supporti presenti. Per i beni fisici permangono ovviamente i costi di stoccaggio e spedizione, ma con i nuovi meccanismi sorti grazie alla Rete, quali l'affiliazione – ossia la vendita per commissione per conto terzi – e il tracciamento online delle spedizioni via corriere, questi aspetti si semplificano notevolmente sia per gli utenti sia per i venditori. Anderson definisce questo processo di trasformazione come "semplificazione della distribuzione". Da un lato facilita gli "autori", che possono raggiungere un pubblico più ampio con maggiore efficienza e minor costo, dall'altro i "consumatori", che a loro volta hanno a disposizione un'offerta enorme e diversificata.

> *"Prima dell'avvento di Internet, il potere di creare e distribuire contenuti era in mano alle aziende capaci di affrontarne i relativi costi."*

Terza legge: domanda e offerta

Tramite le raccomandazioni degli amici, i suggerimenti di servizi come Amazon che forniscono consigli in base al sistema "chi ha acquistato questo prodotto ha acquistato anche...", la libera associazione e l'esplorazione, gli utenti scoprono e si appassionano a nuovi argomenti e a nuove nicchie, non solo ai grandi successi. La domanda incontra l'offerta in modi sempre più creativi e gli utenti scoprono di avere dei gusti più ampi e differenti rispetto a quello che le grandi aziende vogliono far loro intendere. Le hit saranno sempre lì presenti, è ovvio, ma la coda dei prodotti meno conosciuti e potenzialmente raggiungibili si allunga e trova un nuovo mercato. Questa viene definita "la coda lunga dei mercati di nicchia" e trova nella Rete il suo ambiente ideale.

Figura 6.7 – Il grafico della rappresentazione della teoria della coda lunga: sulla sinistra le hit di successo, sulla destra l'insieme dei prodotti di nicchia.

La buona notizia è che grazie alle tre leggi che regolano la diffusione di prodotti e servizi online c'è molto più spazio, e quindi mercato, per la categoria nella quale ti sei specializzato. Grazie alla democratizzazione dei mezzi di produzione, altri potranno modificare i tuoi contenuti e diffondere il tuo brand. Con la semplificazione dei processi di distribuzione, la loro diffusione avverrà su molteplici canali e in virtù della terza legge potrai più facilmente essere scoperto da altri appassionati.

Ogni servizio o contenuto che proporrai online dovrà essere disegnato per rispettare le tre leggi, pena l'oblio della Rete; altrimenti farà comunque parte di essa, ma magari in una modalità a te poco gradita.

Il potere delle storie

La Grande Muraglia Cinese visibile dalla luna, i coccodrilli abbandonati nelle fogne delle grandi città, l'acqua che scorre nel verso opposto nelle toilette e nei lavandini dell'emisfero australe. Tutte queste leggende metropolitane circolano da anni e quasi sempre mancano della minima validità scientifica. Eppure, con ogni probabilità, basta sentire questi racconti una volta perché rimangano in testa. Questo è in un certo senso il potere delle storie.

Le storie fanno parte della natura umana e tendono a rappresentare sia il nostro lato logico sia quello irrazionale. In passato era grazie al racconto orale che si trasmettevano la storia e le basi dell'educazione.

Le storie digitali permettono alle persone di esprimersi anche attraverso la propria voce e la propria vicenda, dando l'opportunità di avvicinare l'interlocutore alle esperienze personali. Allo stesso tempo le storie danno l'opportunità di sperimentare se stessi attraverso il racconto di tratti specifici, frammenti di identità che possono essere messi in gioco e rendere il racconto più soggettivo e concreto.

Lo storytelling

Negli ultimi tempi si parla molto di relazioni e amicizia online, categoria, quest'ultima, che necessita di una ridefinizione, in particolare se utilizzata negli spazi sociali presenti in Rete. Ogni sito di social networking permette ai suoi utenti di creare un profilo e di popolarlo con testi, immagini, video, link e altri contenuti. Oltre alla creazione e alla gestione del proprio spazio personale è possibile invitare altre persone, sia note sia sconosciute, a connettersi e a diventare "amici". Familiari, amici nella vita reale, star del Web, politici e cantanti famosi, tutti possono connettersi in modo molto semplice su questi servizi. Ma se è così facile stringere amicizie con persone che non hai incontrato fisicamente o addirittura con cui non hai mai interagito, che senso hanno questi nuovi legami sociali?

Come abbiamo già visto, lo storytelling è una metodologia che utilizza i principi della retorica e della narrazione per creare racconti capaci di influenzare diverse tipologie di pubblico. È oggi massicciamente usato dal mondo dell'impresa, dal mondo politico e da quello economico per promuovere e posizionare meglio valori, idee, iniziative, prodotti e consumi.

Il successo di questa disciplina è determinato dal fatto che il racconto è una forma di comunicazione naturale e intuitiva, capace di coinvolgere le persone.
Negli ultimi anni la pratica dello storytelling è stata molto utilizzata nel mondo delle imprese e della politica per promuovere e valorizzare idee, proposte o prodotti secondo la logica del marketing. L'obiettivo è creare una fidelizzazione verso un brand o un ente tramite la narrazione e assumere credibilità. Come esempio si può portare il discorso di una delle personalità che ha segnato nel bene e nel male gli ultimi anni della nostra storia: la testimonianza di Steve Jobs all'Università di Stanford. In quello che rimarrà il suo testamento morale, l'inventore della Apple, Jobs – per altro non laureato – ha raccontato ai neolaureati la sua vita, i suo errori, le malattie e le difficoltà che ha affrontato. La trama – fallimento, sogno, riscatto, successo – è uno dei percorsi tipo dello storytelling.

Figura 6.8 – Con la sua frase "Stay foolish, stay hungry" invita tutti a non arrendersi mai e a essere sempre positivi.

Il vantaggio di questa tecnica è di permettere al pubblico di riconoscersi nel prodotto e nei valori che intende rappresentare. Ciò che si richiede per prima cosa è l'identificazione del messaggio che si intende trasmettere; per questo si cerca di creare una storia semplice e interessante con cui i clienti possano immedesimarsi. Un'applicazione che da decenni ha successo è quella dell'ambito pubblicitario: promuovere un prodotto tramite la narrazione di una storia è un metodo che potenzialmente può essere molto più efficace rispetto ad altre modalità. A partire dagli anni Cinquanta,

molte trasmissioni televisive ricorrevano a spot molto lunghi, alcuni anche di svariati minuti, diventati in breve famosi. In Italia una trasmissione di questo tipo era *Carosello*. Negli Stati Uniti, il genere della soap opera è nato proprio come promozione di alcune aziende di detersivi – in inglese *soap* – per poi svincolarsi da questa funzione e trasformarsi in un genere televisivo vero e proprio a sé stante.
La diffusione del Web ha permesso uno sviluppo dello storytelling attraverso il ricorso a blog e social network, tutti spazi nei quali le persone hanno la possibilità di condividere le proprie esperienze, non solo attraverso il racconto testuale ma anche attraverso la pubblicazione di materiale multimediale.

Storytelling "collaborativo"

Abbiamo visto come lo storytelling è la difficile arte del *comunicare un brand grazie a una storia*, una vera e propria vicenda che sappia coinvolgere il consumatore. Ma in Rete, dove le persone sono abituate a parlare, confrontarsi e partecipare attivamente, si può pensare a uno storytelling ancora più coinvolgente per i consumatori? La sfida molto ambiziosa è quella di lasciare la storia di un prodotto in mano alle persone e agli stessi consumatori che nella quotidianità creano le proprie storie personali attraverso i prodotti che usano.

> *“Lo storytelling è la difficile arte del comunicare un brand grazie a una storia.”*

Un esempio molto chiaro in questo senso è l'attività lanciata negli Stati Uniti da Ford per rilanciare la sua piccola utilitaria, la Fiesta. Per raccontare in maniera differente l'auto al pubblico più giovane, l'azienda ha pensato bene di presentare la Fiesta con uno storytelling collaborativo scritto da 100 "agenti" sparsi in tutto il Paese e contemporaneamente impegnati in 6 missioni da compiere in 6 mesi per un totale di 600 azioni.[3] Le cosiddette *missioni* sono molto specifiche e riguardano il viaggio, la tecnologia e il lifestyle. Ogni azione viene realizzata in compagnia dell'auto, ma sta ai giovani creativi raccontare con tutti i canali sociali a disposizione le proprie esperienze. Gli agenti diventano quindi delle specie di evangelisti che promuovono le attività dove l'auto è solo sullo sfondo. La Rete, grazie alla brillantezza e all'originalità delle prove, genera poi la diffusione spontanea del messaggio promuovendo così l'immagine che la Ford Fiesta vuole trasmettere al suo pubblico online.

3. È possibile scoprire queste attività all'indirizzo: http://fiestamovement.com.

Lo storytelling per il racconto di un brand personale

Le persone creano ogni giorno innumerevoli *touch point* online che spesso frammentano la loro identità e professionalità. Diventa così difficile delineare il quadro generale di interessi e di attività di un individuo. Le storie offrono l'opportunità di ricomporre il quadro della persona attraverso il racconto personale di quelli che sono stati i punti che hanno segnato il percorso.

Può essere importante capire come ogni elemento condiviso da un utente rappresenta agli occhi degli altri un ingrediente nella costruzione del brand che comunica: presenze principali, immagini, claim e contenuti condivisi. Tutti questi elementi possono essere coerentemente utilizzati per raccontare una storia, dall'identità che la rappresenta ai valori che sposa.

Raccontare la propria storia non è solo un modo per differenziarsi e coinvolgere in maniera diretta i propri interlocutori. È un modo per creare dei punti di aggancio, delle ancore memorabili ed evocative capaci spesso di suscitare empatia.

CAPITOLO 7

CAMBIAMENTI GIÀ IN ATTO

Amicizia, profilo, bacheca, taggare, re-tweet. Questi termini, con la progressiva diffusione di Facebook e degli altri social network sono entrati negli ultimi anni nel quotidiano delle persone comuni. Non è raro intercettare conversazioni, per strada o nei bar, dove le persone si danno appuntamento tra di loro su Facebook e parlano di ciò che hanno condiviso online amici e conoscenti.
I siti di social networking, o social media, sono l'ultima generazione di spazi pubblici mediati: dimensioni d'interazione dove le persone hanno la possibilità di incontrarsi pubblicamente, attraverso la tecnologia. In un certo senso gli spazi pubblici mediati sono simili a quelli tradizionali che conosciamo bene: bar, parchi, centri commerciali e così via. Le persone frequentano questi luoghi per entrare in contatto tra loro, in presenza di altre persone che possono essere ignorate oppure coinvolte nella conversazione.
I cosiddetti spazi pubblici tradizionali svolgono funzioni differenti: permettono agli individui di interiorizzare le norme sociali, per esempio comunicare secondo linguaggi e principi condivisi, apprendere quali sono i comportamenti legittimi in particolari situazioni sulla base delle reazioni degli altri.

Per danah boyd[1], la più brillante ricercatrice in materia, i social network sono una forma diversa di spazio pubblico e, nonostante il ruolo socializzante del tutto analogo agli spazi tradizionali, hanno caratteristiche che li rendono unici. *In*

1. danah boyd, in polemica con la consuetudine di usare le iniziali maiuscole per i nomi propri, si è fatta ufficialmente cambiare il nome e cognome in minuscolo anche all'anagrafe.

primis sono a tutti gli effetti spazi persistenti; per questo motivo le tracce "virtuali" di ogni utente rimangono visibili sul sito dove sono state condivise. Ciò facilita la comunicazione diacronica, ma significa anche che ciò che si esprime in un momento sarà ancora accessibile tra dieci anni, con tutte le conseguenze del caso.
I social network sono inoltre spazi "ricercabili". Banalmente basta chiedere nel modo opportuno – operazione tutt'altro che semplice – e la tecnologia sarà capace di recuperare i frammenti archiviati, persi o dimenticati.
Gli elementi digitali sono poi facilmente replicabili. Da anni le maestre di "vecchio stampo" hanno avviato la loro battaglia contro Wikipedia e Internet in generale. A loro dire gli studenti svolgono le loro ricerche in 10 minuti e non nelle 3 ore di tempo previste! Ma se copiare un contributo per riportarlo altrove è un'operazione alla portata di un bambino, diventa più semplice decontestualizzare i significati e gli ambiti di riferimento.
Esiste inoltre quello che viene definito "pubblico invisibile": se nella vita offline è semplice capire se un individuo sta ascoltando una nostra conversazione, online è davvero impossibile incrociare tutti coloro che leggeranno o fruiranno dei nostri contributi. Anche perché potrebbero farlo a distanza di settimane, mesi o anni.
Già questi elementi servono a capire quanto le regole del gioco siano cambiate. Definire il contesto di uno spazio pubblico mediato diviene quasi impossibile. E mentre gli ambienti pubblici tradizionali ci forniscono gli indizi adeguati a riconoscere un comportamento appropriato da uno che non lo è, i social media non ci sono di aiuto. L'assenza di contesto porta alla creazione di quella che viene definita "audience presunta": gli amici di Facebook o il forum degli amanti del cinema, come il blog degli appassionati di auto, ci permettono di poter immaginare a chi ci stiamo rivolgendo, definendo quindi il tono, il linguaggio, i valori condivisi e così via.
Ma il contesto è solo una delle complicazioni che i social media introducono. Un altro elemento chiave che apre nuove, inaspettate possibilità è dato dal concetto di portata. Quando parliamo fuori dalla Rete, le nostre conversazioni, salvo registrazioni o utilizzi di altri strumenti, arrivano fin dove arriva la nostra voce. Internet al contrario permette di raggiungere milioni di persone. Almeno potenzialmente.
Sono pochi gli utenti che hanno un'audience così estesa, la maggior parte delle persone crea contenuti così personali da risultare interessanti – e quindi venire ascoltati costantemente – solo da pochi altri. Ma la possibilità di salire alla ribalta grazie al passaparola su Internet è all'ordine del giorno. In particolare, YouTube riesce a lanciare all'attenzione delle persone – e

successivamente anche dei giornali – le bravate di liceali come le performance di perfetti sconosciuti. Le barriere e i filtri tradizionali sono improvvisamente abbattuti. Il potere del passaparola assieme alla riproducibilità dei contenuti e alla forza della ricerca generano nuove stelle e meteore gigantesche. Tanto più ora che la creazione e condivisione dei contenuti passa per strumenti che portiamo sempre con noi in tasca.

Il marketing dell'ascolto

I social media sono tra gli strumenti più adatti per creare una presenza attiva e funzionale a presentarti, mostrare in maniera autentica ciò che sai fare e permetterti di entrare in contatto con altre persone. Ma devi fare attenzione: non sono canali per pubblicizzare le tue attività in maniera diretta come gli spazi che normalmente si utilizzano per promuovere un prodotto o un marchio. Se intendi fare propaganda di servizi e prestazioni attraverso modalità classiche e senza entrare in relazione con le altre persone, è molto probabile che tu venga ignorato, nella migliore delle ipotesi. In Rete i proclami e le auto-celebrazioni non funzionano. Anche nel caso di un brand popolare e affermato, non è detto che troverai gente disposta a relazionarsi con te a priori. La tua voce vale quanto quella degli altri, non esiste più l'azienda leader del settore da venerare e ascoltare in silenzio. Un brand eccellente è definito dalle esperienze di migliaia di consumatori: sono solo le persone a determinare la reputazione online di un prodotto o di una persona. Affrontare la Rete significa ripensare il rapporto con gli utenti del Web, persone abituate al confronto non solo quando si tratta di acquistare un determinato bene, ma anche semplicemente quando si chiacchiera del più e del meno.

> *“La tua voce vale quanto quella degli altri, non esiste più l'azienda leader del settore da venerare e ascoltare in silenzio.”*

In genere, le persone hanno un'idea abbastanza negativa della comunicazione aziendale e commerciale. Negli anni si sono affermate pratiche di marketing molto discutibili che disturbano, urlano e cercano di ingannare. Pensa, per esempio, alle offerte di promozioni via telefono e alla pubblicità in televisione. Le persone che subiscono queste modalità di approccio invadenti reagiscono spesso difendendosi, chiudendo la conversazione telefonica o cambiando canale. Alcune aziende, invece, sono ancora convinte dell'efficacia della loro campagna e sono disposte a sostenere le spese necessarie per questo tipo di comunicazione, pensando così di poter raggiungere il target desiderato. Quando poi i risultati degli

investimenti non sono quelli sperati la colpa ricade sul mercato, su periodi particolarmente avversi o su situazioni congiunturali.
Mai nessuno si chiede se la tipologia di comunicazione proposta sia veramente utile alle persone e se esista un approccio differente, più vicino alle esigenze reali e alla disponibilità della gente. In Rete è possibile considerare le persone per quello che pensano e affermano, trattando le conversazioni come un'opportunità e non come un costo: è un tipo di attività che richiede un investimento di tempo notevole, ma che può ripagare da subito ogni azienda o brand che decida di ascoltare quello che le persone dicono sul suo conto. Non a caso si chiama marketing dell'ascolto.[2]
I punti chiave del marketing dell'ascolto possono essere considerati:

- **ascoltare**. È naturale. Si tratta del primo passo ed è il più importante. Si parte con una ricerca approfondita in Rete per capire chi parla di te e della tua categoria, cos'ha detto o sta dicendo, per quali motivi e in quali ambienti, andando a individuare quelli più rilevanti per i tuoi clienti e quindi per il tuo mercato. Questi ambienti e questi servizi, che si tratti di Twitter, blog, forum o portali tematici, sono la prima fonte di informazione autentica online e richiedono un monitoraggio costante; consentono di restare aggiornati, di percepire gli umori delle persone e di capire quali nuove richieste, esigenze e trend stiano emergendo. Si tratta di un lavoro delicato e impegnativo per il tempo che richiede, ma, se seguito con cura e costanza, può offrire vantaggi competitivi non indifferenti;
- **accettare**. Difficilmente troverai solo opinioni positive su di te e sulla tua categoria. Così come offline, anche in Rete esistono pareri discordanti da non sottovalutare. La strategia vincente per una comunicazione brillante è rispettare ciò che viene detto e cercare di capire le motivazioni presenti dietro le scelte diverse dalle tue. Ogni tentativo di censura si rivela inutile: la Rete ha così tanti spazi che una persona può esprimersi come vuole e dove preferisce con una facilità disarmante. Provare a relazionarsi e a spiegarsi onestamente è il passaggio fondamentale per creare e rafforzare un brand in Rete. Le uniche critiche da ignorare sono quelle offensive, palesemente sterili e di natura ideologica. Chi non è disposto ad accettare questo principio, è meglio che eviti anche di ascoltare;
- **rispondere**. Non si tratta solo di intervenire in relazione a critiche o notizie che ti riguardano, ma di essere presenti su contenuti rilevanti

2. Sul marketing dell'ascolto è disponibile gratuitamente un'ottima guida di Michele Polico all'indirizzo: http://marketingdellascolto.nextep.it.

e interessanti per la tua categoria e per i servizi che offri. Aggiungere valore a discussioni iniziate da altri attraverso punti di vista, suggerimenti e segnalazioni non è mai tempo perso. Se non sai come partire, inizia a chiederti come puoi aiutare concretamente gli altri, fai domande, fatti trovare pronto, renditi disponibile. Considera ogni spunto di discussione come l'inizio di una relazione;

- **partecipare**. Oltre a farti trovare nei motori di ricerca, dovrai essere presente e visibile nei principali servizi usati dai tuoi clienti: portali, blog e siti di social networking sono elementi importantissimi per portare visibilità e traffico al tuo sito principale;
- **condividere**. Ogni contenuto che andrai a creare – testo, video, foto o altro – va pubblicato e reso disponibile in Rete. Uno dei migliori modi per condividere senza perdere completamente il merito sui contenuti sono le licenze Creative Commons, che vedremo più avanti in questo capitolo. Non limitarti a condividere le tue creazioni, ma rilancia anche contenuti interessanti creati da altri: si tratta di un piccolo gesto, che però può aiutarti a instaurare nuove relazioni e a ottenere credibilità online;

“*Non limitarti a condividere le tue creazioni, ma rilancia anche contenuti interessanti creati da altri.*”

- **divertirsi**. La maggior parte delle persone è in Rete per informarsi e divertirsi. La tua strategia dovrà essere seria, precisa e ben definita, il tuo linguaggio no. Adottare un approccio troppo serio non significa essere professionali, ma noiosi. Per questo occorre utilizzare buon senso e creatività, originalità e personalità: sarà il modo migliore per farsi ricordare e apprezzare.

Conversazioni e passaparola

Internet è da sempre il regno delle conversazioni. Da quando esiste il Web si sono sviluppati spazi e servizi per dare voce alle persone: chat, forum, newletter, blog, social network e tanti altri. Il fine di questi strumenti è sempre stato il medesimo: far incontrare e dialogare le persone. Di per sé non si tratta di una novità, ma le caratteristiche del mezzo, la portata delle conversazioni e la disintermediazione – per cui le persone sono per la prima volta libere di parlare senza filtri o editori – pongono le basi per un fenomeno inedito e potenzialmente rivoluzionario.

Se nella prima fase di Internet la pubblicazione e la creazione di una propria identità online era appannaggio di poche persone, per lo più tecnici e appassionati, da qualche anno assistiamo a un potere editoriale diffuso e all'emergere di un nuovo protagonista dello scenario online: l'utente.

Figura 7.1 – La copertina della rivista americana *Time* nel dicembre 2005 annunciava la persona dell'anno: tu!

Gli ostacoli e le difficoltà tecnologiche che avevano caratterizzato questa prima fase sono progressivamente spariti, così come le complicate procedure per condividere un proprio contenuto online. Da quando il blog ha aperto la strada a forme di pubblicazione semplici e autogestite, il Web è cambiato. Da luogo di consultazione delle informazioni, al pari delle grosse biblioteche, è diventato un mezzo di espressione che permette di creare in prima persona informazioni, condividere opinioni, discutere, partecipare. Nelle intenzioni dei padri di Internet, Tim Berners Lee[3] su tutti, la Rete doveva essere fin dalle sue origini uno spazio aperto a chiunque. Il confinamento iniziale all'interno dei centri di ricerca e delle basi militari ha solo rallentato il processo di diffusione e affermazione del Web come spazio di dialogo democratico. Oggi i numeri dei vari fenomeni del Web sono solo un primo indicatore del successo della Rete: blog attivi, post pubblicati, tweet, video e foto condivisi online, in termini di partecipazione segnano un record dietro l'altro.

L'immediatezza e la facilità di pubblicazione, insieme all'indipendenza e all'affidabilità di alcuni blogger e network di blog affermati, rendono questi spazi una nuova modalità di informazione, talvolta in competizione diretta

3. http://it.wikipedia.org/wiki/Tim_Berners-Lee.

con i media tradizionali e con le testate giornalistiche. Si affermano gli influencer, blogger e utenti attivi online che, grazie a competenze e tanta passione, riescono a "farsi un nome", conquistare un discreto numero di lettori e creare una community interessata a leggere e a partecipare a discussioni stimolanti. Non si tratta dei soliti giornalisti e personaggi famosi: spesso sono ragazzi, casalinghe, appassionati, "smanettoni". Gente comune: persone che decidono di investire il loro tempo in un'attività di divulgazione e di intrattenimento.

Dal momento che spesso le conversazioni avvengono tra uno o più gruppi di persone, alcuni blog e forum tendono a scambiarsi contenuti e a fare rete tra loro.

Ciò che contraddistingue queste conversazioni è un dialogo alla pari, dove non esiste la classica distinzione tra emittente e ricevente nella forma a cui i media tradizionali ci hanno abituati. Se una trasmissione televisiva o radiofonica, così come una notizia su un giornale, sono caratterizzate da ruoli ben definiti – emittente e destinatari – nel Web generalmente non è così. Questa distinzione viene meno, così come il relativo rapporto di forza tra chi propone e chi subisce l'informazione. La scelta non è più tra leggere o meno un determinato articolo, ascoltare o cambiare canale, ma se e come voler essere parte del processo di informazione. Ascoltare, commentare, discutere, condividere e consigliare sono attività che rivalutano la figura di coloro che un tempo erano semplici lettori o ascoltatori passivi. I media tradizionali non consentono queste possibilità: è un limite dei mezzi, prima ancora che della volontà. Così, per anni queste testate hanno goduto della loro posizione di forza: poche emittenti avevano il controllo su milioni di ascoltatori. Il messaggio, per logiche di scala, non poteva che essere generalizzato, preparato per raggiungere e stimolare l'attenzione della maggior parte delle persone: le trasmissioni dei media tradizionali erano preparate per la massa.

In Rete, al contrario, la massa intesa come insieme indiscriminato di persone non esiste. Esistono miliardi di singolarità che esprimono milioni di pensieri e di giudizi. Il potere di pubblicazione di un contenuto è ora nelle mani di ogni persona. Qualsiasi individuo può essere lettore e autore allo stesso tempo, può ascoltare e leggere così come pubblicare, commentare, condividere e rilanciare. Le persone si trasformano in editori. Gli utenti diventano media. A nulla valgono le forme di difesa da questo processo: capita che qualche volta certi siti preferiscano non aprirsi ai commenti, nel tentativo di ripararsi dai giudizi della gente. Un atteggiamento che si rivela quasi sempre inutile, dal momento che la Rete offre così tante modalità di espressione che a una persona non resta che scegliere dove pubblicare la sua opinione nell'attesa che venga indicizzata dai motori di ricerca.

Magari questi spazi non avranno la visibilità immediata di quelli istituzionali. Il sito di un giornale, per esempio, avrà sempre più visibilità di un blog, per quanto popolare sia. Così come l'impatto di una notizia al telegiornale non è paragonabile nell'immediato a un post. Ma c'è una differenza fondamentale: la permanenza e la reperibilità attraverso la ricerca di un contributo online. Mentre il tempo di vita della notizia trasmessa in TV, così come un articolo di giornale, è inevitabilmente limitato, ogni contenuto pubblicato online è permanente. Se l'autore non decide di eliminarlo, basta una semplice ricerca per recuperarlo. Google ci ha abituati ad avere tutto a portata di clic.

“La comunicazione su Internet è liquida e si propaga dove trova spazio. La Rete ha delle regole molto diverse rispetto ai media tradizionali.”

Inoltre, poiché è possibile interagire in ogni momento con un contenuto – sia esso un tweet pubblicato da dieci minuti o un post risalente a tre anni fa – si può dire che un contributo non è mai morto, ma sempre potenzialmente in evoluzione attraverso nuove conversazioni che si intrecciano a quelle vecchie. Detto così può sembrare un fenomeno complesso e confuso; in realtà si tratta di un tessuto quasi sempre ordinato, dove l'elemento temporale assume una valenza di tutto rilievo.[4]

In questa fitta ragnatela di conversazioni è possibile evidenziare alcuni elementi fondamentali[5] che caratterizzano ogni rete:

- è fatta di snodi, ossia di punti centrali di distribuzione;
- ha una natura paritaria ed è spesso priva di gerarchie;
- è in continuo mutamento/evoluzione;
- ha un numero di percorsi molto superiore al numero dei partecipanti/utenti.

Di fatto, la comunicazione su Internet è liquida e si propaga dove trova spazio. La Rete ha delle regole molto diverse rispetto ai media tradizionali. Non è possibile, per esempio, coprire tutti gli spazi e pensare a un messaggio immutabile e uguale per tutti. Non si può pianificare un'attività di comunicazione dall'alto, poiché la Rete trasforma e ridistribuisce ogni contenuto che riceve. Un messaggio potrà arrivare dove non pensavamo giungesse e in

---

4. Un piccolo suggerimento: per orientarti tra le notizie in Rete e capire come valutare i vari interventi è sempre buona norma partire dalla data.
5. Si veda: Marco Massarotto, *Internet PR. Dialogo in Rete tra aziende e consumatori*, Apogeo, Milano 2008, in particolare il Capitolo 2: "Com'è strutturata una conversazione online".

una forma diversa rispetto a come è stato generato. Sul Web è necessario ripensare il proprio modo di comunicare.

Scopri chi parla di te

Il primo passo per iniziare qualsiasi attività online è la ricerca dei contenuti rilevanti già disponibili in Rete. Che si tratti di informazioni relative alla categoria che segui o di "ego searching", vale a dire la ricerca di notizie e articoli su di te e sul tuo brand, ogni attività è importante per raccogliere informazioni, partecipare a conversazioni e restare aggiornati. Allo stesso tempo, la pratica di cercare e ascoltare chi parla di te può rivelarsi molto impegnativa e complicata. Se, infatti, esistono numerosi strumenti di ricerca che permettono di limitare il campo di indagine, negli ultimi anni la conversazione si è sempre più frammentata in servizi e spazi eterogenei. Un utente potrebbe pubblicare un post che parla di te, alcuni lettori potrebbero commentare su un blog o riprendere una parte del pezzo per argomentare la loro visione sul proprio Tumblr, altri ancora potrebbero parlarne in un tweet o all'interno di un video da condividere su YouTube. A sua volta, ogni nuovo contributo potrebbe innescare lo stesso circolo di propagazione.

Monitorare ogni flusso di idee che si genera da un singolo contributo può quindi richiedere una notevole quantità di tempo e di energia. Esistono però alcuni servizi da considerare per tracciare ogni citazione e riferimento che ti riguarda. Da principio occorre chiarire quali saranno i tuoi termini di ricerca: il tuo nome e cognome, l'eventuale pseudonimo, il nome della tua categoria, dei tuoi servizi e il sito di riferimento. Nel caso di un nome formato da più di una parola è buona norma utilizzare le virgolette, nella forma "nome cognome", per esempio, per limitare ogni ricerca ai risultati che contengono sia il nome sia il cognome. Senza le virgolette molti servizi restituiranno anche gli elementi che contengono solo uno dei due termini, complicando a volte la scrematura dei risultati.

Di seguito alcuni consigli per effettuare delle efficaci ricerche:

- **Google**. Rimane la prima fonte di informazione sul Web. Google offre anche un servizio molto utile che si chiama Google Alerts.[6] Con questo semplice strumento è possibile creare degli alert, cioè degli avvisi personalizzati, e chiedere al motore di ricerca di monitorare costantemente determinate parole chiave al posto tuo. Dopo aver

6. www.google.com/alerts.

impostato l'area di ricerca – notizie, blog, Web, gruppi, video o tutto quanto – e la frequenza con la quale desideri ti siano consegnati i risultati, basta scegliere le parole chiave per creare gli avvisi. In base alle preferenze da te espresse, Google ti invierà una notifica con i nuovi risultati trovati;

- **ricerca sui forum**. È possibile effettuare le ricerche all'interno dei principali forum aperti, quelli che per visualizzare i contenuti non richiedono una registrazione. BoardTracker,[7] in particolare, è un motore di ricerca specifico per questi luoghi. Tramite la registrazione al servizio è possibile impostare delle notifiche email per ricevere gli aggiornamenti direttamente nella tua casella di posta elettronica;
- **ricerca sui blog**. Motori come IceRocket[8] e BlogPulse[9] nascono specificatamente per effettuare ricerche all'interno della blogosfera. In questo caso può essere interessante affinare ricerche dettagliate che ti aiutino a capire le tendenze e l'evoluzione del tuo mercato. Esiste anche un Google Ricerca Blog[10] che focalizza il motore di Google sull'universo dei blog;
- **ricerca nei social media**. Social Mention,[11] Samepoint[12] e Addict-o-matic[13] sono servizi nati per consentire contemporaneamente ricerche su più servizi. Blog, servizi di microblogging, pagine wiki, servizi di bookmark nei quali le persone salvano i propri siti preferiti sono gli spazi online nei quali questi motori cercano le parole chiave che inserisci. La precisione di tali servizi non è elevata, ma la possibilità di fare ricerche su molti social media contemporaneamente è una bella comodità;
- **ricerche specifiche**. Molti servizi recenti, come per esempio Twitter,[14] offrono la possibilità di fare ricerche al loro interno anche attraverso opzioni avanzate che consentono interrogazioni molto precise. Per esempio Favstar.fm serve per trovare i migliori tweet, propri, degli amici o della Rete, TweeterReach per capire quanto ha viaggiato il tuo tweet e Twilert per ricevere alert su determinate parole.

---

7. www.boardtracker.com.
8. www.icerocket.com.
9. www.blogpulse.com.
10. http://blogsearch.google.it.
11. www.socialmention.com.
12. www.samepoint.com.
13. http://addictomatic.com.
14. http://search.twitter.com.

Gestire le informazioni

Una delle questioni calde aperte dal social Web è il sovraccarico di informazioni. In uno scenario in cui ogni persona è libera di esprimersi e di condividere ogni suo pensiero, gli stimoli su pressoché qualsiasi argomento sono tantissimi. L'attenzione e il tempo di ognuno di noi, purtroppo, sono invece limitati. Diventa quindi necessario scegliere in base ai propri interessi su quali settori strategici informarsi e in quali ambienti partecipare attivamente per diffondere il proprio personal brand.

Una tecnologia che permette di utilizzare le informazioni che circolano sul Web con una maggiore semplicità ed efficienza è rappresentata dai Feed RSS, a cui abbiamo già fatto un accenno. Si tratta di una modalità di distribuzione dei dati che negli ultimi anni si è diffusa rapidamente in tutti i siti che si occupano di informazione. La tecnologia RSS permette di invertire il flusso dei contenuti. Normalmente le persone sono abituate a consultare un sito per sapere se sono stati pubblicati degli aggiornamenti; attraverso l'utilizzo dei Feed RSS un utente può invece abbonarsi gratuitamente a una sorgente di informazioni e ricevere comodamente le nuove notizie ogni volta che vengono pubblicate. Per ricevere e leggere le notizie è indispensabile un servizio o un software detto lettore, o anche aggregatore, di Feed, che raccoglie le iscrizioni e tiene in ordine tutti gli aggiornamenti. La praticità e la comodità di questo nuovo metodo di consumo delle informazioni ha fatto in modo che la tecnologia RSS si sia imposta come standard.

Figura 7.2 – L'icona standard per la tecnologia RSS.

I post di un blog, gli aggiornamenti dai vari social network, i nuovi video pubblicati su YouTube, quasi tutti i servizi recenti offrono la possibilità di abbonarsi a un Feed RSS, permettendo in tal modo agli utenti di ricevere le informazioni senza perdere tempo nella consultazione delle fonti conosciute. Ogni volta che vedi la classica icona arancione significa che puoi abbonarti al sito attraverso il suo flusso.

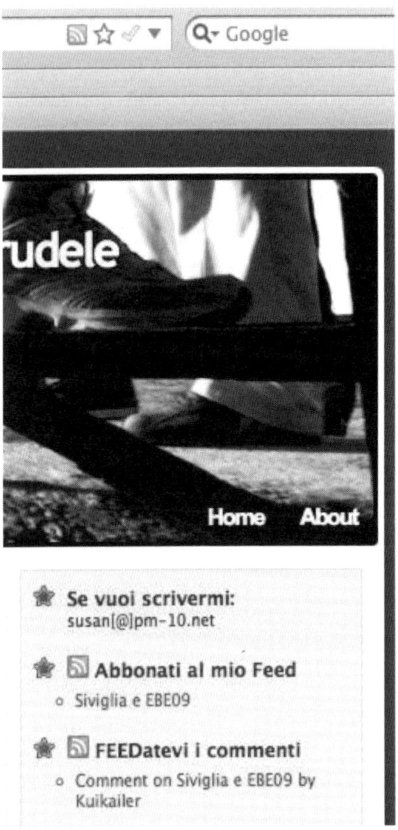

Figura 7.3 – In questo caso il blog mette in evidenza i Feed dei post e quello dei commenti. In alto, sulla barra dell'indirizzo del browser, l'iconcina del Feed RSS.

Esistono due tipi di aggregatori di Feed: i lettori web, che possono essere utilizzati online su ogni computer attraverso una pagina specifica, e i programmi da scaricare e installare su una certa macchina. Il vantaggio di questi ultimi consiste nella possibilità di un utilizzo anche offline dei dati scaricati, mentre i lettori web sono disponibili ovunque tu possa connetterti a Internet.

Ascolta, lascia commenti, impara

Chiunque crei un proprio blog, una pagina Facebook o un profilo su un forum si aspetta da subito la partecipazione degli altri utenti, attraverso visite, segnalazioni e commenti che valorizzino i propri contributi. Ma, a meno che tu non sia già un personaggio noto e con una notevole schiera di ammiratori ed estimatori online, questo non avverrà. Ci vorrà infatti del tempo per crescere e crearti una reputazione, elemento fondamentale che ti permetterà di risultare attendibile e conosciuto. Il segreto di Pulcinella per velocizzare i tempi è quello di condividere contenuti di qualità, valorizzando e rafforzando costantemente la relazione con i membri della community. Molti vi diranno di premiare la qualità rispetto alla quantità, in realtà il miglior suggerimento è puntare sulla quantità di qualità.

Il miglior approccio alle discussioni

Sebbene dipenda dal blogger o da chi amministra un determinato spazio online creare il giusto ambiente per mettere a proprio agio i visitatori e, come un buon padrone di casa, coinvolgerli all'interno di discussioni, molte volte è necessario che anche gli ospiti si comportino... da ospiti! Per entrare in relazione con altre persone occorre infatti rispettare un codice di condotta[15] che si può schematizzare nei seguenti punti:

- **partecipazione**. Dopo aver avviato una discussione o essere entrati in una conversazione è buona norma controllare come essa prosegue. Molti blog presentano l'opzione per iscriversi via email agli aggiornamenti, in modo da ricevere per posta elettronica i nuovi commenti. Altri permettono di abbonarsi al Feed RSS dei commenti. Approfitta di queste comodità per restare aggiornato sulle conversazioni che ti interessano. Può capitare di trovare nuovi stimoli, punti di vista originali o utenti che sollevano nuove questioni o domande in tema;
- **onestà**. Lealtà e onestà non sono un optional in Rete. Sono gli elementi più semplici per mantenere la propria reputazione. Può sembrare sciocco, ma in realtà essere sleali sul Web è così semplice che

15. Questi e altri consigli sono raccolti sotto forma di "comandamenti" in un simpatico articolo di Davide Licordari: http://tinyurl.com/10comandamenti.

molti cadono in questa tentazione. Per esempio spacciare per proprio un contenuto altrui "scordandosi" di citare la fonte, mentire, raccontare cose inesatte o non ammettere i propri sbagli. Su Internet le bugie, per quanto possibile, hanno le gambe ancora più corte;
- **personalità**. La maggior parte delle persone non entrerà in contatto con te solo per informarsi sull'argomento di cui stai parlando, ma soprattutto per conoscere il tuo giudizio e il tuo punto di vista. Per questo, nei limiti della privacy, cerca di condividere esperienze e di far emergere la tua personalità. Qualcuno potrà non essere d'accordo con te, ma di sicuro la tua apertura sarà per gli altri uno stimolo a seguirti e a confrontarsi;
- **professionalità**. Che tu sia un professionista affermato o una persona che sta cercando di costruirsi una reputazione, cerca di mantenere sempre un carattere professionale. Presentati serio, preparato, aperto alle novità e pronto a imparare. Mettersi in gioco, ammettendo i propri limiti, non è sintomo di debolezza, ma di professionalità.

> *"Presentati serio, preparato, aperto alle novità e pronto a imparare. Mettersi in gioco, ammettendo i propri limiti, non è sintomo di debolezza, ma di professionalità."*

Questi principi possono essere tradotti in semplici regole pratiche:

- rispetta gli altri e cerca di trattarli nel migliore dei modi anche quando sei in totale disaccordo o sei stato attaccato direttamente;
- cerca di estendere la conversazione, invece di chiuderla;
- rimani sull'argomento e non divagare, se non è richiesto;
- cerca di seguire la conversazione almeno ogni due giorni; commentare con una settimana di ritardo potrebbe escluderti dalla discussione o farti arrivare quando questa si è conclusa;
- leggi tutti i commenti prima di scrivere; cerca di non ripetere quanto è già stato detto;
- usa l'email per i commenti privati; se c'è bisogno di un chiarimento con qualcuno, per email è molto più semplice spiegarsi senza rischiare di coinvolgere persone non interessate;
- riporta sempre le fonti delle tue informazioni: ti rende più credibile e professionale;
- cerca di andare oltre i semplici: "Bel post!" o "Sono d'accordo"; spiega perché apprezzi e condividi il pezzo attraverso il tuo punto di vista;
- non inserire link al tuo blog se non è strettamente necessario. Pratiche autoreferenziali come queste vengono mal digerite da molti utenti della Rete.

Condivisione e licenze Creative Commons

Se la via per essere considerati degli esperti passa per la condivisione di contenuti, foto e documenti, allora occorrono dei modelli di gestione del copyright più avanzati rispetto a quelli tradizionali, che favoriscano la condivisione salvaguardando i tuoi diritti, la tua proprietà intellettuale e soprattutto la tua fonte, in modo che sia comunque possibile risalire a te e dare merito al tuo lavoro, alimentando la tua reputazione.

“Le licenze Creative Commons sono uno strumento nato nel 2001 per opera di Lawrence Lessing.”

Le licenze Creative Commons sono uno strumento nato nel 2001 per opera di Lawrence Lessing, giurista statunitense e professore di legge alla Stanford Law School, per offrire uno strumento di condivisione a metà strada tra il copyright, il diritto d'autore come lo conosciamo, e il copyleft, il pubblico dominio. Con una serie di licenze ben definite è possibile condividere liberamente le proprie opere, mantenendo alcuni diritti su di esse.

I sei tipi di licenze, disponibili sul sito www.creativecommons.it, sono la combinazione di quattro principi, di seguito illustrati:

- **attribuzione della paternità**. L'autore permette che l'opera originale e le eventuali opere derivate siano copiate, distribuite e mostrate, a condizione che si citino chiaramente autore e fonte;
- **natura non commerciale**. L'autore permette che l'opera e le opere derivate siano copiate, distribuite e mostrate, a condizione che chi compie tali azioni non abbia intenti commerciali;
- **inalterabilità dell'opera**. L'autore permette che l'opera sia copiata, distribuita, mostrata soltanto se lasciata inalterata;
- **stessa licenza**. L'autore permette che le opere derivate siano distribuite soltanto tramite l'identica licenza dell'originale.

Dalla combinazione di questi attributi di base scaturiscono sei opzioni capaci di contemplare circostanze ed esigenze eterogenee. Per avvalersi delle licenze Creative Commons occorre associare dei metadati, ossia delle informazioni normalmente invisibili alle persone, ma che possono essere interpretate dai motori di ricerca. In questo modo sarà ancora più semplice offrire e rendere reperibili contributi protetti da una di queste licenze. Utilizzare una licenza Creative Commons significa rinunciare a una parte dei diritti come autore di un'opera a favore di una condivisione più estesa e ampia. I social media sono caratterizzati dalla condivisione e dalla partecipazione, del resto.

In un contesto in cui chiunque può creare e condividere un ebook, per esempio, l'uso di queste licenze consente di offrire un contributo alla comunità della Rete e, al tempo stesso, se la qualità del contenuto è notevole, di promuovere il proprio brand personale. La pubblicazione di una serie di articoli sul tuo settore permette con semplicità di aumentarne la visibilità in Internet in relazione a determinate parole chiave e di stimolare il passaparola. In fondo basta poco da offrire alla comunità della Rete per veder crescere la considerazione nei propri confronti.

CAPITOLO 8

L'IMPORTANZA DEI MOTORI DI RICERCA

In Rete ogni contenuto che condividi è a disposizione di chiunque e può essere interpretato e commentato liberamente. Ciò ti può far sentire come se fossi sempre sotto esame, e per certi versi le cose stanno proprio così. Accanto al rischio di essere mal giudicati, però, esiste una grossa opportunità: quella di promuovere le tue attività e le tue passioni, permettendoti non solo di far conoscere il tuo brand, ma anche di incontrare altri utenti con i tuoi stessi interessi.

Curare la tua immagine e la tua reputazione scegliendo cosa condividere in Rete e in che modo farlo, deve essere quindi una priorità. Sono particolarmente importanti gli articoli e i commenti che pubblichi sui blog, gli aggiornamenti di stato condivisi su Twitter e Facebook, i dettagli dei profili nei social network, le immagini e i filmati che carichi online, i contatti che hai all'interno dei vari network online: anche se ti possono sembrare solo piccoli dettagli, questi elementi collettivamente contribuiscono a creare la tua identità online, quella percepita dagli altri utenti.

La tua prima presentazione è la pagina dei risultati di una ricerca con il tuo nome. È sufficiente "googlare" il nome di qualcuno, senza nemmeno aprire i link ai vari siti, per farsi una prima idea della persona in questione. E, se vale per gli altri, vale anche per te. Chissà quanti utenti avranno fatto una ricerca con il tuo nome: amici, colleghi, clienti, concorrenti, semplici curiosi, indipendentemente dal tuo ruolo attuale o dal tuo titolo professionale. Di fatto, anche in questo istante qualcuno magari potrebbe cercarti online.

Il Web ha sostituito la ricerca tradizionale ed è diventato la prima fonte di informazioni. Di conseguenza, le tue attività online contribuiscono a creare la tua identità e la tua reputazione. Alcune ricerche dimostrano che, negli USA, l'87% dei selezionatori utilizza Google e i social network per valutare i candidati e che almeno il 35% di loro scarta le persone sulla base delle informazioni che ha trovato in Rete. Per certi versi Google è diventato il nuovo *curriculum vitae*, un riassunto di quello che sei in Rete e infatti si parla anche di Google CV. In un mondo sempre più dipendente dall'online, tu non sei tu, ma sei quello che Google mostra di te. Chiunque abbia bisogno di cercare delle informazioni su una persona partirà da un motore di ricerca semplicemente digitando il suo nome. Dal momento che saranno pochi gli utenti disposti a scorrere oltre la terza pagina di ricerca, sarà tuo compito conquistare le prime posizioni. Purtroppo non puoi scegliere direttamente quali saranno i primi risultati che ti riguardano, ma, essendo la classifica un elemento dinamico e variabile nel tempo, puoi far sì che le prime pagine siano spazi tuoi o gestiti da te. O, al massimo, che parlino di te. In questo modo avrai il controllo delle tue prime referenze.

> “*Google è diventato il nuovo* curriculum vitae, *un riassunto di quello che sei in Rete.*”

La tua presenza online e, di conseguenza, i risultati di una ricerca con il tuo nome possono determinare il prossimo colloquio di lavoro, una promozione o la scelta per un potenziale cliente di avvalersi della tua collaborazione. Costruire e mantenere la tua identità online non è più un'opzione, ma un requisito indispensabile a prescindere da quale sia la tua attività professionale. Può sembrare un compito difficile, ma diventa alla portata di tutti se si adotta una strategia concreta e costante nel tempo.
Provando a cercare il tuo nome su Google potresti scoprire che le prime pagine contengono:

- il tuo blog o il tuo sito web “ufficiale”;
- i profili degli spazi e dei servizi online che frequenti;
- eventuali contributi pubblicati;
- commenti o articoli che ti riguardano;
- altri risultati irrilevanti.

Se non compare niente, non preoccuparti, hai l'opportunità di popolare Google con nuovi risultati attinenti al tuo brand e alla tua attività.
Le prime pagine dei risultati di ricerca possono essere considerate alla pari del tuo *curriculum vitae*, poiché riassumono la tua identità online. La prima parte di ogni strategia di personal branding online riguarda l'ottimizzazione dell'elenco dei risultati restituiti da Google in merito al tuo nome: il tuo vero marchio. È da qui che partiranno coloro che cercheranno informazioni su di te. Il tuo obiettivo, quindi, è quello di fare in modo che ciò che troveranno sia per te favorevole e rilevante.

Creare la propria Internet reputation

Dopo aver affrontato la prima fase di ascolto e di osservazione è venuto il momento di affacciarsi direttamente sulla parte più viva del Web.
Sono numerose le attività che puoi mettere in atto per sviluppare il tuo brand personale. Molte persone hanno la tentazione di provarle tutte, aprendo contemporaneamente diversi canali di comunicazione che poi non riescono a seguire e a curare in maniera adeguata. In realtà non è necessario essere presenti ovunque, anche perché ciò è pressoché impossibile in Rete. La cosa più importante, prima di partire, è definire al meglio la propria strategia, che non sarà definitiva, ma che andrà perfezionata costantemente nel tempo. La fase di ascolto e di monitoraggio della Rete attraverso una serie di fonti che reputi interessanti e aggiornate per la tua categoria gioca un ruolo fondamentale. Già con poche ore dedicate all'ascolto è facile rendersi conto dello scenario di riferimento, dei luoghi più stimolanti per le conversazioni che ti interessano e delle dinamiche che pervadono gli spazi relazionali del Web. Utilizza tutto il tempo che ritieni opportuno per evidenziare gli elementi importanti delle conversazioni che hai affrontato, per cercare di capire quali sono le esigenze delle persone e cosa è veramente apprezzato, sia a livello di contenuto sia di linguaggio. Questi elementi saranno fondamentali per essere accolto e accettato in una nuova community.
Dopo questa prima fase, concentrati sulla comunicazione che puoi offrire tu in Rete. Nella prima parte del libro hai identificato i principali aspetti della tua strategia di personal branding. Adesso si tratta di comunicarli in maniera chiara, costante e consistente facendo leva su tutte le tue capacità e scegliere il tuo media ideale.
Dal punto di vista della comunicazione, quali sono i tuoi punti di forza e quali quelli di debolezza? In che modo puoi renderti memorabile? L'analisi delle tue competenze, delle qualità e delle debolezze è importante per capire quante e quali attività intraprendere. Occorre comprendere qual è la modalità di comunicazione che ti risulta più spontanea: riesci a esprimerti meglio attraverso scritti lunghi o con interventi brevi? Sei fotogenico e hai una buona capacità di "bucare il video" e di parlare davanti a una telecamera?
Esistono tanti strumenti e tante modalità comunicative con cui proporsi. Ognuna ha le sue regole e i suoi linguaggi, così come ogni persona possiede le proprie qualità. Combinare i due elementi è fondamentale per mettere in atto un approccio efficace e vincente.

Sapersi presentare

Il primo elemento di presentazione online è la pagina di presentazione – chiamata anche *About Me* – del proprio sito personale o del profilo del social network che si frequenta. Generalmente tutti i siti che offrono la possibilità di iscriversi comprendono una sezione dedicata alla presentazione personale. Ogni volta che un utente visiterà la tua pagina avrai la possibilità di presentarti e di fornire ai lettori una prima impressione. È importante lavorare bene su questo elemento e non farsi trovare impreparati. Non ci sarà una seconda opportunità di fare una buona prima impressione. Dedica quindi del tempo a predisporre una presentazione efficace: in poche parole devi riassumere la tua biografia, le tue esperienze, le tue capacità e la tua personalità!

L'ideale è avere già pronte due o tre presentazioni da utilizzare a seconda delle situazioni. A volte ci saranno delle limitazioni di caratteri, altre volte non ci sarà la possibilità di comunicare troppa personalità. Insomma, come dal vivo, occorre capire il contesto e il tempo che abbiamo a disposizione. Un navigatore che non ti conosce può concedere al massimo tre minuti del suo tempo per leggere le presentazioni degli altri e le informazioni che troverà condizioneranno a lungo la sua percezione. Se in quel lasso di tempo sarai riuscito a colpirlo o a suscitare almeno il suo interesse, hai buone possibilità che si fermi ad approfondire la conoscenza e che magari voglia entrare in contatto con te. Nel tuo sito avrai a disposizione quanto spazio vuoi per creare la tua pagina di presentazione, ma non conviene lasciarsi andare a prolissità che si spingono per esempio fino all'elenco delle materie preferite quando andavi alle scuole elementari o i tuoi risultati alle gare di nuoto. Devi sì creare empatia con l'interlocutore, ma senza abusare della sua pazienza.

Il *curriculum vitae* al tempo dei social media

Google è uno strumento fondamentale per ogni professionista da cui non si può prescindere e la Rete è diventata in molti casi il nuovo ufficio di collocamento. Il primo elemento ad adattarsi a queste evoluzioni è il *curriculum vitae*, che appare molto rigido e squadrato per essere riproposto su Web. La variante che lo sostituisce online prende il nome di *Social Media Resume* o *Social Media Bio*.

Si tratta di una nuova modalità di presentarsi e di offrire un ritratto professionale di se stessi che riflette meglio la propria persona. Attraverso l'integrazione dei contributi presenti su Internet, sui social network e nel CV tradizionale, è possibile mostrare le proprie capacità in una sola pagina web che può essere condivisa, ricercata e linkata da altre persone. È la forza del branding, la sua capacità di vendere anticipatamente che in un certo senso inverte la direzione del processo di recruiting: invece di inviare un CV in risposta a un annuncio di lavoro, è possibile mettere a disposizione il proprio *resume* a selezionatori e prospect che potranno trovarlo grazie a un tuo suggerimento o, indirettamente, ai potenti meccanismi della Rete.

> *“Invece di inviare un CV in risposta a un annuncio di lavoro, è possibile mettere a disposizione il proprio resume a selezionatori e prospect.”*

Il Blogger indiano Rohit Bhargava, uno dei primi ad adottare questo formato, ha definito dieci elementi chiave da includere nella propria Social Media Bio:

- **biografia**. Oltre alle esperienze di lavoro in senso stretto, è interessante includere la tua biografia, che può avere lunghezze diverse – una riga, tre righe, 100 parole o completa – e deve riassumere le fasi più significative del tuo percorso professionale;
- **fotografie**. Alcune foto in primo piano disponibili in diversi formati possono essere di sicuro utili a chi vuole dare un volto alla tua persona;
- **siti web**. La lista dei siti, blog e spazi che gestisci in prima persona è un elemento importante per chi sta cercando di inquadrare l'universo delle tue attività;
- **profili**. Una raccolta dei vari profili sparsi in Rete, sia professionali sia personali (con un occhio a quello che è stato pubblicato) permette al lettore di verificare le tue attività online e la relativa rete di contatti;
- **eventi pubblici**. L'elenco degli eventi, seminari, conferenze a cui hai partecipato o in cui hai avuto modo di esporre in pubblico il tuo lavoro;
- **interviste e interventi**. I collegamenti ai siti che riportano interviste, registrazioni audio e video, e i post come ospite nel sito di altri professionisti;
- **pubblicazioni**. La lista dei libri pubblicati, degli articoli, delle ricerche, delle presentazioni che possono dimostrare la tua autorevolezza nella categoria in cui lavori;
- **raccomandazioni**. La raccolta dei blog preferiti che leggi con costanza, i siti che ritieni affidabili e che consiglieresti per approfondire il settore del tuo brand;

- **siti preferiti**. Se usi un servizio come Del.icio.us per raccogliere post, articoli e pagine web che riguardano la tua categoria, potresti decidere di condividerli per essere di aiuto agli altri e diventare un punto di riferimento in materia;
- **riconoscimenti**. Ogni riconoscimento pubblico, menzione o premio che ti è stato conferito per la tua attività professionale è sicuramente un elemento che accresce la tua reputazione;
- **materiali multimediali**. Se hai dei video e delle fotografie che non ritraggono direttamente la tua persona, ma le tue attività o il luogo dove sei all'opera e lavori, prova a proporre questi elementi multimediali come integrazione alle altre informazioni;
- **tag**. È l'insieme delle parole chiave che definiscono al meglio il tuo personal brand;
- **informazioni di contatto**. Chiaramente non devono mancare i riferimenti per poter entrare in contatto con te. Non ha senso inserire tante soluzioni se poi non sei sempre disponibile, meglio concentrarti sugli strumenti che sei sicuro di riuscire a gestire costantemente.

Questo è però solo un elenco indicativo e va adattato secondo le proprie esperienze e i propri punti di forza.

Su Internet occorre dare un nuovo spessore al CV standard, rafforzandolo attraverso quanto offre la Rete. Siti come LinkedIn e Facebook, per esempio, possono essere molto utili per far crescere la tua attività. Non solo offrono la possibilità di dimostrare la tua influenza sui contatti che hai sviluppato nel tempo, ma permettono anche di avere un primo impatto con la personalità e la serietà che contraddistinguono i tuoi rapporti interpersonali.

Cerca di non riempire la pagina con troppe informazioni: il tuo Social Media Resume non deve contenere tutto ciò che ti riguarda, ma essere solo una guida e raccogliere per sommi capi i tuoi principali riferimenti online.

Accanto alla Social Media Bio, potresti valutare la possibilità di affiancare un Press Kit, vale a dire una cartella stampa. Si tratta di uno strumento utilizzato per comprendere in un'unica pagina web le informazioni riguardanti un professionista al fine di facilitarne la visibilità e la promozione online. Generalmente, le cartelle stampa, che quando raccolgono contenuti multimediali prendono sempre più il nome di Media Kit, vengono utilizzate per la pubblicazione di articoli. È un'opportunità per offrire in maniera rapida ed efficace le informazioni che possono servire a giornalisti ed editori.

Un CV in "formato Visual"?

Negli ultimi tempi si sono moltiplicati i servizi che permettono di pubblicare online il proprio *curriculum vitae* in formato prevalentemente grafico, utilizzando gli elementi e gli stili delle infografiche. Il termine *infografica* deriva da *information graphic* ed è una tecnica che permette di associare informazioni, dati e statistiche a contenuti di natura grafica. Complice la velocità e la frenesia con la quale consumiamo informazioni sul Web, molte redazioni e molti blogger hanno iniziato a creare delle infografiche che riassumono i principali concetti degli articoli che hanno pubblicato.

Figura 8.1 – Un esempio di un CV realizzato tramite infografica che, stampato e consegnato a mano, fa un buon effetto.

Nel caso di professionalità nuove o quando è auspicabile trasmettere originalità e capacità creativa, predisporre un CV in formato grafico può essere una buona opportunità per presentarsi in maniera diversa.
Alcuni dei servizi gratuiti che offrono la possibilità di creare il proprio CV in modalità visuale sono:

- **Vizualize.me**. Il servizio legge i dati direttamente da LinkedIn e, tramite una semplice interfaccia, permette di modificare grafica e contenuti in maniera molto rapida;
- **Re.vu**. Un po' più complesso di Visualize.me, ma anche molto più personalizzabile;
- **Kinzaa**. Si appoggia ai dati di LinkedIn, ma a differenza di altri servizi permette di personalizzare ogni singola esperienza professionale;

- **Cvgram.me**. Applicazione che, scambiando i dati con il profilo LinkedIn, consente personalizzazione del design, creazioni di sezioni interattive, utilizzo di dati e grafici. In più, rispetto agli altri servizi, permette di inserire anche i contenuti in tempo reale, come per esempio gli aggiornamenti di Twitter.

Stabilire la propria base

Ogni brand personale ha bisogno di una casa definita e univoca. Le presenze su social network e gli spazi nei quali si discute di argomenti attinenti alla tua categoria sono delle ottime opportunità per incontrare nuove persone, ma ogni volta che dovrai illustrare al meglio il tuo punto di vista e la tua professionalità, in maniera completa e approfondita, sarà indispensabile un sito di riferimento.

> “*Il tuo sito web sarà il tuo principale riferimento online, la più importante risorsa del tuo brand.*”

Il tuo sito web sarà il tuo principale riferimento online, la più importante risorsa del tuo brand e la prima immagine a cui molte persone penseranno associandola al tuo nome. È necessario comprendere l'importanza di preparare e curare questa soluzione in maniera adeguata.

Per prima cosa dovrai verificare che sul Web non sia presente un omonimo, ossia una persona o un brand con il tuo stesso nome. Può capitare, nel caso tu abbia un nome abbastanza comune, di trovare qualcuno che ha già occupato il relativo dominio.

In questo senso, un episodio esemplare è rappresentato da quanto accaduto per il dominio Armani.it. Nell'ottobre 1997, il signor Luca Armani registrò il dominio Armani.it per ospitare il sito web del suo timbrificio. Nei mesi successivi, l'omonima casa di moda milanese, titolare del marchio Armani, citò in giudizio l'imprenditore per lesione del diritto esclusivo del marchio. Il tribunale di Bergamo condannò in primo grado il titolare del timbrificio per utilizzo illecito del marchio e gli intimò di consegnare il dominio alla Giorgio Armani Spa. La sentenza del tribunale applicò la disciplina sul diritto dei marchi. In quell'occasione, il diritto industriale si applicò a dispetto del principio *first come, first served* su cui si appoggiavano le norme della Naming Authority Italiana, l'ente che si occupa dei domini Internet nel nostro Paese. Curiosamente, l'esito di una simile controversia nel caso del dominio Armani.com usato da un uomo d'affari canadese di nome A.R. Mani fu differente: la titolarità del dominio fu infatti negata alla casa di moda, sulla base della precedente registrazione del dominio, avvalendosi del principio *first come, first served*, e sulla riconducibilità del nome di dominio all'identità del primo titolare.

Comunque, senza arrivare agli estremi di un ricorso in tribunale, è possibile ricorrere a due alternative per risolvere questa problematica:

- **aggiungere una variante**. Ci sono diverse possibilità che vanno dall'aggiungere l'iniziale del secondo nome fino a inserire il nome della categoria all'interno del brand. Lo scopo è quello di rendere facilmente distinguibile il tuo marchio da quello omonimo;
- **trovare un nome alternativo**. Si può anche scegliere un nome diverso, di forte impatto e con una grande personalità. Può essere un soprannome o un nome d'arte. L'importante è che sia qualcosa che resti impresso già dal primo ascolto.

Insieme al nome di dominio dovresti valutare la disponibilità del nome che intendi scegliere nei principali network online, in particolare in quelli che intenderai adottare. Per fare ciò esistono strumenti online[1] che consentono di evitare il controllo diretto in ogni servizio semplicemente digitando il nome. In breve mostreranno la disponibilità nei siti più conosciuti e frequentati.

Dopo aver definito questi primi elementi, sei pronto a partire.

Se hai già un sito o un blog conosciuti hai una buona base di partenza; puoi pensare a delle attività di re-branding per caratterizzare il tuo spazio online. In alternativa a questa soluzione, puoi creare un nuovo sito per esprimere in modo immediato i tuoi valori e competenze. Il primo passo è quello di scegliere un nome per il dominio, quello che è più comunemente chiamato indirizzo web. È importante che contenga il tuo marchio sia per una facilità di associazione e memorizzazione, sia ai fini di una migliore indicizzazione dei motori di ricerca.

Una volta acquistato un nome di dominio e uno spazio web, diventa importante capire cosa pubblicare. La scelta naturale sarebbe quella di creare un blog, la migliore soluzione per comunicare e costruire un pubblico con il quale entrare in relazione. Molte persone possono avere delle difficoltà di tempo a gestire uno strumento che richiede una certa costanza di pubblicazione, ciononostante i vantaggi che si ricevono sono veramente tanti. Se però sei poco propenso alla scrittura o non ritieni di poterti ritagliare un'ora alla settimana per la gestione di un blog, puoi pensare a un sito standard che raccolga le informazioni su di te e sul tuo

1. Servizi come www.namecheckr.com, http://checkusernames.com, http://namechk.com o http://knowem.com sono utilissimi per verificare la disponibilità di un nome nei vari servizi social.

brand. Può trattarsi di un portfolio dei tuoi lavori, di una pagina che aggreghi le tue attività online o, semplicemente, di una Social Media Bio. Per la loro presenza online principale molti professionisti decidono di affidarsi a Flavors[2] o ad About.me[3].

Blog

Il blog personale, quello che risponde a nomecognome.it o pseudonimo.it, per intenderci, è sicuramente uno dei modi migliori per creare una forte identità online. La differenza fondamentale rispetto al classico sito web è dettata dal suo tipico formato "a diario", e quindi dalla possibilità di esprimere in maniera diretta, unica e costante il proprio punto di vista. Scrivendo in modo autentico e appassionato delle tue attività senza necessariamente rivelare i segreti professionali, condividendo la tua visione del mercato nel quale ti muovi insieme a qualche esperienza, hai la possibilità di mettere in evidenza le capacità e le competenze che ti rendono unico e diverso dagli altri. Esattamente come te, le persone che si occupano degli stessi argomenti sono fortemente motivate a confrontarsi con altri professionisti che affrontano continuamente problemi simili ai loro. Entrare in contatto con chi ha dimostrato di saper vivere da protagonista l'attività che sta svolgendo è un'opportunità sia per il lettore sia per lo stesso autore.

> *"Un blog non è altro che un sito web aggiornato regolarmente, nel quale gli articoli appaiono in ordine cronologico inverso, con il più recente in evidenza."*

Un blog, all'atto pratico, non è altro che un sito web aggiornato regolarmente, nel quale gli articoli appaiono in ordine cronologico inverso, con il più recente in evidenza. Ciò che lo definisce come uno strumento di conversazione sono le connessioni che i blogger creano tra i vari post, attraverso link, citazioni, commenti lasciati dai lettori e, in generale, tutte quelle relazioni che si creano a partire da interessi comuni. Sin dalla loro nascita, i blog hanno rappresentato un elemento di forte innovazione sia come forma di pubblicazione sia come modalità di comunicazione: una sorta di conversazione distribuita, ma interconnessa, su ogni argomento di interesse.

Un blog per denunciare la mensa scolastica

La vicenda di Martha Payne esula dagli argomenti strettamente professionali, ma è molto efficace per capire il potenziale e la portata che un blog può

2. http://flavors.me/tommaso.
3. http://about.me/tommaso.

avere. Martha è una bambina scozzese di 9 anni che, stanca dei vassoi semivuoti e della pessima qualità della mensa scolastica, decide di andare a scuola con una macchina fotografica per immortalare quotidianamente i piatti del cibo. Con l'aiuto del papà decide di aprire un blog,[4] dove pubblica gli scatti per denunciare la scuola e la società di catering, entrambe responsabili della dieta dei bambini.

In breve il passaparola in Rete crea un inaspettato terremoto mediatico. Il seguito che la bambina raccoglie in poco tempo, la trasforma in una portavoce dei malservizi delle scuole di tutto il mondo. Le arrivano segnalazioni di solidarietà e foto da altre scuole e l'attenzione di giornali e televisione diventa sempre maggiore.

Quando anche Jamie Oliver, noto cuoco inglese, lascia una commento sposando la causa della piccola Martha, il successo del blog diventa inarrestabile.

Martha, con l'ironia e la semplicità dei suoi 9 anni, si diverte a pubblicare le pagelle dei vassoi e a commentare le foto degli altri bambini.

La società di catering, minacciata da questa pubblicità non proprio positiva, si rivolge all'istituto scolastico per chiedere un provvedimento. E gli insegnanti, invece di apprezzare l'iniziativa della bambina, decidono di censurare la sua attività. Sul blog appare un post che dice: "Da oggi mi è stato vietato di fotografare i cibi a scuola."

La censura proietta il blog su una dimensione internazionale. Una scuola che teme gli scatti di una bambina di 9 anni diventa un simbolo.

Inventarsi un lavoro partendo dalla propria passione

Chiara Maci è una delle food blogger[5] italiane più conosciute, apprezzate e popolari. Dopo una laurea in giurisprudenza e un master in comunicazione decide di tornare al suo primo amore e, assieme alla sorella Angela, apre un blog dedicato alla cucina. Nasce così *Sorelle in pentola*.[6]

Ogni giorno Chiara e Angela raccontano con semplicità ricette e pasti gustosi, ricercati ma non complicati, fatti di ingredienti naturali e non costosi. È una scelta editoriale precisa: dimostrare che cucinare è alla portata di tutti senza necessariamente impegare molto tempo nella preparazione.

4. http://neverseconds.blogspot.co.uk.

5. I food blogger sono blogger appassionati di cibo e di cucina che generalmente condividono ricette, consigli, suggerimenti, ma anche fotografie e video dei manicaretti che preparano o assaggiano.

6. www.sorelleinpentola.com.

La costanza e la cura con cui le sorelle bolognesi seguono il blog dal 2010, assieme al rapporto che instaurano con i lettori, aiutano a farlo crescere in maniera importante. Finché non arrivano i contatti con le aziende, che Chiara gestisce con professionalità e trasparenza. "Bisogna entrare nell'ottica che nessuno ti regala niente, soprattutto in questo momento. E se hai delle doti o anche solo delle passioni, devi investire tutto il tuo tempo per trasformarle in lavoro concreto. Questo momento di crisi è anche il miglior momento per inventarsi un lavoro, ma questo deve essere supportato da capacità, grinta (e ne vedo poca in giro) ed entusiasmo" racconta Chiara.
Ed è proprio l'entusiasmo che trascina Chiara verso collaborazioni, videoricette, libri e un programma televisivo quotidiano su La7, *Cuochi e fiamme*,[7] condotto da Simone Rugiati.
Un altro esempio di come partendo da una passione è possibile inventarsi una nuova professione è l'esempio di Kiki che attraverso il suo blog Kikipelosi[8] si è lanciata in una professione molto originale: l'organizzatrice di compleanni per animali domestici.

Figura 8.2 – Kikipelosi sa come presentarsi in maniera da colpire l'attenzione dei visitatori del sito.

7. www.la7.it/cuochi/index.html.
8. www.kikipelosi.com.

Come scrive nel suo blog: "Io sono la persona da chiamare quando volete festeggiare un compleanno a quattro zampe o anche... la consulente per trovare l'accessorio giusto per un'occasione speciale. Fare festa, celebrare, far volare coriandoli e palloncini e farlo in modo cool, tenero, glam, magico, formale o pazzo.
Ma perché?
Gli amici a quattro zampe o a due zampette meritano di essere festeggiati perché sono parte di noi. Festeggiare per me significa celebrare le loro peculiarità, la loro tenerezza, la fedeltà, il loro personalissimo modo di essere cani, gatti, tartarughe, coniglietti, uccellini... compagni di viaggio, di vita, di scherzi e pasticci a non finire."

Non regole, consigli

Un blog personale è, appunto, personale. Quindi personali devono essere anche lo stile e il formato. Per alcuni un blog è il luogo prediletto per fare business vendendo servizi o prodotti. Per altri è unicamente uno strumento di condivisione, un vero e proprio diario online dove divulgare le proprie competenze e talvolta parlare anche di altri argomenti, attualità inclusa. Alcuni promuovono le proprie attività e poi mettono in bella vista i link ai propri progetti o al proprio account su LinkedIn.

> *"Un blog personale è, appunto, personale. Quindi personali devono essere anche lo stile e il formato."*

Non è facile generalizzare un insieme di regole sempre valide per un blog personale. Ma abbiamo raccolto una serie di raccomandazioni utili per creare un ambiente accogliente e valorizzare i contenuti:

- **comunica il tuo brand**. Identifica foto, colori e design affinché siano sempre congruenti con il tuo brand e siano consistenti in tutta la tua comunicazione. Sviluppa un rapporto personale con gli utenti e crea fiducia e credibilità. La gente vuole sapere con chi sta avendo a che fare. Questo è fondamentale se vuoi rafforzare la tua immagine;
- **buona usabilità**. È opportuno scrivere bene i titoli dei post e rendere leggibili i contenuti per esempio con dei mini-paragrafi. Ricorda: le persone leggono secondo quello che viene chiamato modello a "F": con i primi due movimenti di lettura orizzontali seguiti da una scansione verticale del contenuto. Riduci anche al minimo la grafica;
- **metti in mostra le hit**. Metti in evidenza l'elenco dei post più cliccati e inserisci sempre dei link ad altri tuoi post precedenti. In

questo modo segui anche le regole della coda lunga, facilitando i tuoi utenti nella scoperta di altri argomenti sul tuo blog;

- **un post è per sempre**. Ricorda che qualsiasi cosa tu posti sul Web viene registrata e aggregata da altri servizi o utenti. Rimarrà per sempre a disposizione di tutti, soprattutto dei tuoi futuri clienti;
- **integra la conversazione**. Se hai qualcosa di rapido e breve da dire, e soprattutto non in linea con gli argomenti principali di cui tratti nel blog, fallo su altri spazi più adatti a questo tipo di messaggi, come Twitter o Facebook. Fai in modo che sia semplice commentare sul tuo blog, magari integrando strumenti esterni come Disqus o Facebook Connect;
- **pubblicizza il link**. Metti sempre l'indirizzo del tuo blog nella firma elettronica delle mail e dei tuoi interventi sui forum. Scrivila su tutti i profili dei social media che frequenti;
- **fai domande**. Quando scrivi un post, lascia sempre il discorso aperto con delle domande, in modo da favorire la conversazione;
- **pubblica bene, non spesso**. Sembra banale, ma se non scrivi per un mese qualcuno potrebbe pensare che hai vinto alla lotteria e che hai smesso di lavorare! Per riuscire a diventare un punto d'incontro, il tuo blog dovrà essere aggiornato con regolarità. Ci sono guide che consigliano uno o più aggiornamenti a settimana, programmati a orari prefissati. Ma nell'epoca di Facebook e di Twitter postare quotidianamente non è più indispensabile come un tempo. La regolarità di pubblicazione può essere un elemento utile ai lettori, ma lascia che sia la passione per il tuo lavoro a guidare i post. Prima di essere uno strumento di lavoro, un blog è una forma di espressione e per questo dovrà essere guidato soprattutto dalla tua personalità;
- **vendita e pubblicità**. Banner e autopromozioni fini a se stesse non rientrano nello spirito dei social media e soprattutto non funzionano più come una volta. La blogosfera si è caratterizzata sin dai suoi inizi con un generale sentimento anticommerciale: vendere e fare pubblicità non sono azioni molto apprezzate. Promuovere sfacciatamente prodotti altrui, o peggio ancora i propri, può non essere ben visto dal tuo pubblico. Per questo, se intendi farlo, devi considerare la possibilità di guadagnarti il permesso dei tuoi lettori. Lo potrai ottenere attraverso l'entusiasmo che saprai trasmettere negli argomenti di cui parli, e così il tuo verrà considerato un tentativo di condividere la tua passione e di offrire valore ai lettori; oppure lo potrai fare solo perché sei considerato affidabile sulla base di un'esperienza indiscutibile.

Ottimizzare il proprio blog

Se hai scelto di creare un blog come strategia di personal branding ti accorgerai presto di quanto sia difficile avere tanti lettori e comparire in testa ai risultati di Google e degli altri motori di ricerca. Si tratta di un'attività lenta e impegnativa, da seguire con costanza e attenzione.

“Il fattore fondamentale per ottimizzare il proprio blog per i motori di ricerca è quello di ottenere molte referenze o backlink.”

Il fattore fondamentale per ottimizzare il proprio blog per i motori di ricerca è quello di ottenere molte referenze o backlink: altri siti, cioè, che inseriscono il link al tuo blog nelle loro pagine. Le segnalazioni di altri blogger sono il miglior modo per veder aumentare il traffico verso il proprio blog e, nel medio periodo, aiutano a far crescere reputazione e visibilità. Si parla spesso della blogosfera italiana come di un ambiente chiuso, ma ciò è vero solo in parte. Ogni volta che vengono introdotte nuove figure degne di attenzione, la comunità dei blogger risponde con entusiasmo e interesse.

Altri fattori di rilievo legati alla struttura di un blog, che hanno influenza sulla visibilità, sono i seguenti:

- **titolo dell'articolo**. È la prima cosa che i navigatori leggono e diventerà il titolo del risultato di Google. Scegliere un titolo che comunichi bene ed efficacemente l'argomento diventa essenziale. Non deve essere troppo corto e deve contenere le parole chiave più importanti legate al contenuto della pagina. Così sarà più semplice per i lettori identificare l'argomento e gli spunti dell'articolo;
- **meta tag description**. Si tratta di un elemento dell'HTML destinato a contenere una breve descrizione dei contenuti della pagina e viene solitamente scelto da Google come testo descrittivo del risultato. Preparare una descrizione breve, chiara e immediata favorisce i clic al tuo sito perché rende più leggibile l'elenco dei risultati;
- **Url “parlanti”**. La maggior parte delle piattaforme di blogging permette di impostare il formato dei link ai singoli post (detti anche permalink), e cioè agli articoli pubblicati. Avere dei link come, per esempio, www.tuosito.it/p?a=uyx231 non è utile né ai tuoi lettori né ai motori di ricerca, dal momento che non comunicano nulla sull'argomento collegato. Google favorisce i link che hanno un riferimento specifico come, per esempio, www.tuosito.it/la-mia-vacanza-a-capri;
- **titolo dello spazio biografico**. Un modo interessante per presentarsi sia ai motori di ricerca sia ai lettori è il formato con cui è lin-

kata la pagina About, Biografia o Chi sono. Per esempio si possono personalizzare queste forme classiche con un più originale: "Chi è nome e cognome" nella voce di menu del proprio sito.

Con il progredire delle tecnologie di indicizzazione e di ordinamento Google sta cercando di emulare i processi cognitivi delle persone. Studiando il comportamento di milioni di utenti, il re dei motori di ricerca sta affinando il suo prodotto di punta esaminando le differenze tra gli utenti che sanno con precisione cosa stanno cercando e quelli che, invece, non conoscono nel dettaglio l'oggetto della loro indagine.

Più strumenti di incontro

Anche se il blog o il sito personale rappresentano il centro della tua attività online, in Rete esiste un numero elevato di altri strumenti che permettono di relazionarsi e arrivare all'attenzione delle altre persone. Vediamo i principali:

- **newsletter**. È una sorta di notiziario diffuso periodicamente per posta elettronica che permette di recapitare notizie e aggiornamenti agli utenti che decidono di iscriversi. Ricorda che ci possono essere anche degli utenti, pigri o non molto abili sul Web, che preferiscono leggere le tue informazioni per email;
- **forum**. È uno spazio nel quale gli utenti registrati possono discutere, chiedere consiglio, domandare e ricevere aiuto e assistenza per compiti particolari o, semplicemente, ritrovarsi per condividere riflessioni;
- **widget**. Widget, gadget o badge sono tanti nomi con cui vengono chiamati quei piccoli elementi esterni da inserire nelle pagine del proprio blog. Possono essere i siti preferiti recentemente salvati, il riquadro della propria pagina Facebook, il flusso dei tweet pubblicati o un'area che mette a disposizione tutti i PDF caricati online all'interno di un certo servizio. Valuta se gli strumenti online che utilizzi offrono questa possibilità e se ciò può risultare utile ai tuoi lettori.

Riprendere il controllo della comunicazione

Indipendentemente dalla definizione che vogliamo adottare per il termine *brand*, è ovvio che nello scenario attuale nessun professionista né azienda può con sicurezza affermare di riuscire a controllare il proprio brand. Al massimo può gestirlo e, grazie alle opportunità offerte dalla Rete, partecipare attivamente alle discussioni che lo riguardano. Con l'avvento del Web 2.0 si sono moltiplicati gli spazi in cui gli utenti possono far sentire la loro voce, mentre le conversazioni online hanno il potenziale di definire e riformulare la percezione di un marchio nella mente delle persone. Sarà allora molto importante controllare come il brand si stia evolvendo, quali sono le sensazioni del pubblico e quali conversazioni nascono attorno a esso. Anche per questo le aziende più scaltre hanno iniziato a tenere sotto controllo e a partecipare su sempre più numerosi spazi web, per cercare di sfruttare strategicamente questo cambiamento e le opportunità che ne nascono.

Per quanto ti riguarda saranno il tuo comportamento, la strategia online che avrai definito, le conversazioni e lo stile che avrai saputo mantenere a determinare il modo con cui il pubblico si rapporterà al tuo personal brand. Con il buon senso, l'autenticità, la trasparenza, un'ottima conoscenza della netiquette dei social media, la coscienza dei punti di forza e delle debolezze del proprio settore, chiunque può affrontare l'avventura dei media sociali, evitando così passi falsi e approfittando degli innumerevoli vantaggi da essi offerti.

Per far ciò i punti seguenti sono determinanti:

- presentati online in maniera consistente rispetto al tuo personal brand;
- definisci una strategia di comunicazione online coerente con esso;
- configura dei punti di ascolto, per esempio tramite Google Alert e gli RSS;
- seleziona la tua base sulla Rete e fai riferimento a questa ogni qual volta sia necessario;
- partecipa alle conversazioni facendo capire al pubblico che sai ascoltare anche nel caso di critiche o di cattive recensioni.

CAPITOLO 9

ONLINE BUSINESS NETWORKING

Nei precedenti capitoli abbiamo dedicato spazio al networking, una delle componenti fondamentali di una buona strategia di personal pranding. La tua rete di contatti rappresenta il tuo capitale sociale: ti sarà estremamente utile per conoscere nuove persone, innescare il passaparola ed essere raccomandato per la qualità dei tuoi servizi. Il networking costituisce anche una delle strategie più importanti per avere un pubblico in ascolto: è possibile che alcuni leggano il tuo blog perché sei competente sugli argomenti che tratti, ma molti di più ti seguiranno se avrai dimostrato le tue qualità personali. Leggere e commentare ciò che scrivi, per chi ti ha conosciuto dal vivo, sarà una possibilità di mantenersi in contatto con te e di continuare la relazione instaurata.
Riassumiamo alcuni dei principi più importanti del networking che abbiamo già incontrato:

- l'importante non è chi conosci tu, ma chi conosce te;
- ogni volta che conosci una nuova persona chiediti cosa puoi fare tu per lei e non cosa potrebbe fare lei per te;
- non limitarti a fare autopromozione: non è il modo migliore per instaurare una relazione;
- presidia in maniera attiva i luoghi frequentati dai tuoi contatti e dai possibili clienti ascoltando e cercando di capire quello che vogliono comunicare.

Questi principi sono fondamentali sia per il networking offline sia per quello online. Mentre i primi tre concetti dovrebbero esserti ormai chiari, l'ultimo

può nascondere una piccola difficoltà. Comprendere quali eventi riuniscono determinate persone dal vivo è abbastanza semplice, in Rete può essere invece un po' più complesso. Per questo, prima di iscriverti a un nuovo sito o servizio, cerca di dedicare un po' di tempo a capire quali saranno i possibili vantaggi: basta una panoramica o una rapida ricerca per temi chiave per inquadrare quali persone stanno già frequentando quello spazio e per renderti conto di come una tua presenza possa portare valore a te e al network. Si tratta di un piccolo investimento iniziale, dal momento che il tempo che dedicherai al nuovo servizio dovrà ripagarti in termini di visibilità, opportunità e nuove relazioni.
Il business metworking comporta, quindi, tempo e risorse. Per fortuna esistono tutta una serie di strumenti online che ti possono aiutare a stringere relazioni più rapidamente, a tenerne traccia e ad aggiornarti sugli sviluppi dei tuoi contatti (nuovi progetti, impieghi, lavori ecc.).

Di seguito ti presenteremo alcuni servizi online e alcune tattiche per sviluppare la tua rete di contatti e per collaborare con essa. Considerali come degli esempi: è molto probabile che nel tuo specifico settore esistano altri servizi o comunità frequentate dai tuoi potenziali clienti, magari anche un semplice forum o blog molto specializzato e affermato. Dovrai essere tu a capire su quali spazi investire e quale approccio è più opportuno adottare.

Amicizia con un commento

Nel 2010, quando abbiamo scritto la prima edizione di questo libro, eravamo in piena esplosione dei social. Chiedere e accettare l'amicizia su Facebook a chiunque era una prassi normale, data quasi per scontata. Fortunatamente oggi si è affermata una nuova tendenza, un atteggiamento più maturo che vede un ritirarsi ordinato da questa socialità eccessiva, spesso senza uno scopo preciso.
Facebook in particolare, stando anche alle dichiarazioni del suo fondatore, andrebbe inteso come il servizio di social networking per le persone che si conoscono davvero e come tale andrebbe trattato.
Prendiamo per esempio l'avviso che mette sul suo profilo Facebook il blogger Piero Tagliapietra, esperto di comunicazione efficace: "Non accetto amicizia da sconosciuti e segnalo le aziende che usano profili personali."[1] Insomma,

1. www.facebook.com/pierotaglia.

vale la pena ricordare come le buone regole sociali, spesso dimenticate anche nella vita di tutti i giorni, valgono anche nel caso dell'online.
Uno dei modi più semplici per cominciare una relazione online con una persona è quella di scrivere uno o più commenti sul suo blog o su uno spazio che condivide. Ricevere commenti piace a tutti. Naturalmente occorre essere proficui e stimolanti, il che non significa dover necessariamente trovarsi in accordo con il punto di vista dell'autore, spesso anzi si entra in contatto e confidenza con una persona dopo qualche appassionante scambio di battute o dopo un'intensa discussione.

> *"Uno dei modi più semplici per cominciare una relazione online con una persona è quella di scrivere uno o più commenti sul suo blog o su uno spazio che condivide."*

Un modo davvero poco elegante di commentare è quello che include un'evidente autopromozione di se stessi. Un esempio abbastanza diffuso può essere: "Anche io ho scritto qualche giorno fa su questo argomento..." seguito dal link al post. Quando questo comportamento non presenta alcun contributo utile alla discussione, ma si rivela solo una segnalazione del proprio blog, ricorda più un messaggio di spam più che non un commento. Molti blogger in vista sono letteralmente perseguitati da persone che cercano di sfruttare la loro popolarità per portare traffico ai loro siti. Al punto che alcuni hanno iniziato a moderare i commenti, eliminando i contributi di stampo promozionale. In questo modo i nominativi dei commentatori indesiderabili sono stati "bannati", ossia banditi da ogni discussione, anche quelle future a cui avrebbero potuto partecipare in maniera propositiva.
L'attenzione dei navigatori in Rete è un bene molto prezioso; per questo si verificano spesso comportamenti sbagliati, volti ad attrarre traffico su un determinato sito. C'è addirittura chi fa di tutto per inserire il primo commento ai post dei blog più letti solo per garantirsi che sia visualizzato subito dopo la fine dell'articolo. Alcuni di questi contributi sono così irrilevanti e frettolosi che risulta palese come l'autore non abbia avuto neanche il tempo di leggere completamente l'articolo che sta commentando.
Se vuoi entrare in contatto con una persona, diventare suo "amico" nel senso "internettiano" del termine, cerca di mettere passione e onestà nei tuoi commenti. Come dal vivo, dove un'amicizia va conquistata con il tempo cercando delle affinità e condividendo qualcosa, anche online bisogna instaurare un percorso di avvicinamento che richiede costanza e partecipazione.

LinkedIn: una rete mondiale di professionisti

Le aziende prestano sempre più attenzione al capitale sociale e alle relazioni dei loro candidati. Chi assume una persona per un determinato progetto, infatti, assume anche l'insieme dei suoi contatti, che si rivelano spesso molto utili durante il lavoro.
Nel mondo degli affari ognuno di noi ha l'esigenza di entrare in contatto con altre persone per:

- trovare nuovi clienti;
- conoscere possibili datori di lavoro;
- assumere nuovi dipendenti fidati;
- trovare un consulente capace.

Persino trovare un idraulico serio e affidabile può essere un'impresa, talvolta, se non si sfruttano le proprie conoscenze con le loro esperienze personali! Del resto le tipiche obiezioni di chi vorrebbe mettersi in affari o trovare un nuovo lavoro ma non si applica nel farlo sono sempre le stesse: "Ci vogliono le conoscenze giuste!", "Occorre essere nel giro!", "Perché una persona dovrebbe assumere proprio me?".
Lo sanno bene i fondatori di LinkedIn, il più famoso social network dedicato agli affari, la cui pagina di presentazione un tempo recitava: "Relationships Matter" ossia "Le relazioni sono importanti." Oggi invece è cambiato: "La rete professionale più grande del mondo."
La filosofia alla base del servizio è molto semplice: le relazioni, e quindi le conoscenze, contano. In fondo si tratta di una realtà ben nota soprattutto nel nostro Paese, dove spesso certe posizioni sono più facilmente accessibili grazie alle conoscenze personali più che per meriti professionali. Al di là delle implicazioni etiche, le referenze e i contatti sono perciò un elemento che non si può sottovalutare.
Un servizio come LinkedIn, che solo in Italia conta 4 milioni di utenti, può rivelarsi molto utile in questo senso, poiché permette di entrare in contatto con persone per così dire molto preziose: professionisti, consulenti, spesso presidenti e amministratori delegati o manager d'azienda.
Si tratta quindi di uno strumento molto interessante e sempre più utilizzato. E in Italia sta crescendo con il ritmo di un nuovo iscritto ogni secondo: un dato molto significativo per farti un'idea di quanti professionisti puoi incontrare all'interno del servizio.
Ma quali sono i contatti che contano nel nostro lavoro? LinkedIn prende in considerazione fino al terzo livello di relazione, perché ritiene che una relazione di quarto livello o più sia troppo debole per essere realmente utile.

Vengono quindi considerati: le conoscenze dirette, i contatti dei propri conoscenti e i contatti dei contatti dei propri conoscenti. Può sembrare un limite notevole, ma in realtà bastano 330 contatti diretti per avere oltre 71.000 contatti di secondo livello e quasi 5.000.000 di contatti di terzo livello.

Figura 9.1 – Una rete non è formata solo dalle connessioni dirette. Ecco un esempio di come quasi 1.700 connessioni si trasformino in più di 12 milioni di possibili contatti tramite gli "amici degli amici".

L'homepage[2] comunica chiaramente lo scopo del servizio:
"Oltre 200 milioni di professionisti usano LinkedIn per scambiare informazioni, idee e opportunità:

- ricevi informazioni sui tuoi contatti e sul tuo settore;
- trova le persone e le competenze di cui hai bisogno per raggiungere i risultati che desideri;
- controlla la tua identità professionale online."

Sostanzialmente LinkedIn funziona in due direzioni:

1. come ricerca attiva di altre persone per i tuoi scopi (trovare collaboratori, creare nuovi business, riallacciare rapporti con persone ecc.);
2. come possibilità di farti trovare e renderti disponibile per altre persone.

Vediamo come realizzare tutto ciò tramite questo noto servizio di business networking.

Come farsi trovare

L'iscrizione al servizio è gratuita e semplice: basta inserire i dati personali e rispondere ad alcune domande sulla propria posizione lavorativa. Costruire il profilo LinkedIn è abbastanza simile alla compilazione di un

2. Per visualizzarla occorre andare all'indirizzo www.linkedin.com senza essere autenticati.

curriculum vitae, come per sottolineare quanto l'identità e la presentazione professionale siano alla base del social network.
È molto importante compilare il tuo profilo nel migliore dei modi, perché sono quelle le informazioni che ti renderanno rintracciabile da chi effettuerà le proprie ricerche all'interno.

Attenzione: puoi decidere di essere visibile solo ai tuoi contatti o a tutta la Rete, nel caso di profilo pubblico. In questo caso sarai rintracciabile anche via Google, come nel caso di Luigi[3] e di Tommaso.[4]

Il servizio è finalmente disponibile anche in italiano.[5] Ma la scelta della lingua da utilizzare dipende molto dal tipo di rete di contatti che intendi creare: nel caso di un network di professionisti nazionali puoi tranquillamente completare il tuo profilo in lingua italiana; al contrario, se pensi di entrare in contatto con persone di altri Paesi, la lingua inglese è d'obbligo.
Una volta completato il proprio profilo, il servizio fornisce una percentuale di completamento, ossia una piccola valutazione sulle informazioni disponibili. Più la percentuale si avvicinerà al 100% e maggiore sarà la possibilità di avere un profilo completo e, quindi, appetibile.
Prima di concentrarti sulla crescita della tua rete professionale, dedica tutto il tempo necessario a completare il profilo; solo dopo aver aggiornato e ordinato al meglio i tuoi dati sarai pronto per la fase di networking. Per fare questo, però, non basta inserire i dati personali, occorre anche comunicare nel migliore dei modi la propria esperienza e le proprie capacità, con un'attenzione particolare alle parole usate per descrivere la propria posizione: queste saranno fondamentali per comparire nei risultati di ricerca.
Non trascurare il "Sommario professionale" di LinkedIn: il campo dove occorre descrivere in poche e semplici parole chi sei e cosa fai. Questo breve testo, per lasciare il segno, deve comunicare in modo efficace ciò che ti rende differente dagli altri e che è maggiormente rilevante. Deve essere in grado di attirare l'attenzione e di stimolare a visitare il tuo profilo, magari per chiederti un contatto.
Dopo aver attirato l'utente sul tuo profilo, hai moltissime opportunità per impressionarlo a tuo favore, grazie anche ad alcune nuove funzionalità del servizio.

---

3. www.linkedin.com/in/centenaro.
4. www.linkedin.com/in/tommasosorchiotti.
5. L'azienda ha già anticipato che intende rendere disponibile a breve il servizio in più lingue. Per farlo ha chiesto aiuto attraverso il blog: http://tinyurl.com/tradurre.

Il "Riepilogo", per esempio, è un altro campo strategico. È il luogo che di solito serve a fornire una biografia ben scritta, magari anche in prima persona. Si tratta di un testo che deve essere in grado di dare una chiara immagine di quello che sappiamo fare e della nostra credibilità. È insomma lo spazio ideale in cui raccontare la propria storia, magari avvalendosi anche di contenuti multimediali, come le immagini, le presentazioni MS Powerpoint via Slideshare.net, i documenti o i link. Ma bisogna avere una certa accortezza nel scegliere le parole che si utilizzano, perché sono importanti non solo per gli utenti ma anche per i motori di ricerca e vale anche qui la regola d'oro: "Design for people, account for robots."
Un modo molto efficace di offrire una rapida panoramica delle tue competenze è quello di compilare la sezione "Competenze ed esperienze" (Skills & Expertise) e stimolare i tuoi contatti a fare una valutazione spontanea. Come si può vedere sul profilo di Luigi,[6] questa sezione offre un quadro rapido e con un forte impatto visivo di quello che gli altri possono percepire rispetto a quello che sa fare.
Non trascurare, infine, di inserire tutti i tuoi possibili link: se hai un blog o un sito personale o professionale che dimostra la tua competenza, inseriscilo nel tuo profilo; ricorda che su LinkedIn dimostrare la tua autorevolezza conta molto.
Per completare il profilo è molto importante anche avere delle "raccomandazioni" da parte dei propri contatti, da intendere come una forma di sostegno e un meccanismo di garanzia sulla reputazione dell'iscritto da parte della community. Proprio per questo, sviluppare la propria rete di contatti diventa fondamentale.

Fare nuove amicizie

Inizialmente LinkedIn era dedicato a coloro che desideravano tenersi in contatto solo con persone conosciute e con le quali esisteva già un legame professionale. Questo perché:

- entrando in contatto con un utente si ha la possibilità di vedere tutti i suoi contatti, con evidenti implicazioni sulla privacy di questi ultimi;
- accettare una richiesta di contatto significa confermare implicitamente le informazioni elencate sul profilo di quell'utente e, quindi, garantire sulla professionalità di una persona;

6. www.linkedin.com/in/Centenaro/it.

- la connessione tra due utenti implica una forma di relazione: amicizia, rapporto cliente/fornitore, collega, responsabile o collaboratore.

Attualmente, però, con l'esplosione dell'uso dei social media è molto più frequente trovare persone che adottano un uso meno restrittivo. Esistono utenti che, nel tentativo di ampliare notevolmente la propria rete sociale, richiedono di entrare in contatto e accettano richieste di connessione anche senza la presenza di una relazione significativa. Ma, nel momento in cui ci si connette con una persona di cui si sa poco o nulla, gran parte dell'utilità del network viene meno. Per questo, nell'ottica del personal branding, quando ti troverai nella condizione di decidere se accettare di connetterti o meno, un valido consiglio è quello di chiederti: "Potrei garantire su questa persona? Se mi fanno una domanda sulla sua professionalità saprei rispondere?".

Come avviene in altri network, a maggior ragione su LinkedIn non sei tenuto ad accettare ogni richiesta di connessione che ricevi. Sono sempre di più gli utenti che distinguono intelligentemente tra un servizio per le amicizie e il divertimento, come può essere considerato Facebook, e uno professionale come LinkedIn. Solo perché segui e leggi con piacere una persona su Twitter, per esempio, non significa che lo stesso contatto debba essere necessariamente presente anche all'interno di LinkedIn. Ogni servizio ha infatti il suo scopo e la sua utilità.

> *“Solo perché segui e leggi con piacere una persona su Twitter non significa che lo stesso contatto debba essere necessariamente presente anche all'interno di LinkedIn.”*

Inizia perciò a creare il tuo network partendo dai colleghi e dalle persone che conosci bene. Se un contatto che intendi aggiungere alla tua rete non è ancora registrato su LinkedIn, potrai chiedergli di iscriversi. In questo caso è presente una funzionalità che sempre più servizi online adottano: se utilizzi un sistema online di posta elettronica come Yahoo! Mail o Gmail, dietro tua autorizzazione LinkedIn si può connettere alla rubrica degli indirizzi per presentarti l'elenco di persone e permetterti di invitarli al servizio. Un modo molto semplice per farti risparmiare tempo.

LinkedIn, inoltre, offre tre modi per allargare la propria rete:

1. la "Invitation": è il metodo più classico, che consiste nell'invitare un utente a connettersi, indicando il suo indirizzo email;
2. la "InMail": è il servizio a pagamento di posta interna di LinkedIn che ti permette di contattare direttamente uno qualunque dei milioni di professionisti presenti nel network;
3. la "Introduction": equivale a una introduzione, ossia una presentazione a una persona da parte di un contatto in comune. Se ti interessa

conoscere una persona connessa a te tramite due o tre passaggi, per entrare in relazione diretta puoi chiedere a un amico di presentarti o di inoltrare la richiesta di presentazione. Gratuitamente LinkedIn mette a disposizione cinque richieste.

Abbiamo già insistito sull'importanza di uno strumento tradizionale come il biglietto da visita. Ancora una volta lo ribadiamo: per sviluppare e rafforzare la relazione con i nuovi contatti prova a utilizzare l'indirizzo email utilizzato nel biglietto da visita. In questo modo non solo rafforzerai il legame creato, ma metterai a disposizione dei nuovi contatti anche la tua rete.
Ogni volta che contatti una persona non limitarti a inviare il messaggio standard che propone LinkedIn: "Vorrei aggiungerti alla mia rete professionale. Paolo Rossi." È questo il momento di mettere in pratica le buone regole di socializzazione introdotte nel Capitolo 5! Quindi personalizza il messaggio, indica perché vuoi restare in contatto; se vi siete incontrati a una conferenza o a un evento e magari avete scambiato due parole, fai riferimento a una battuta o all'oggetto della discussione. Cerca sempre di caratterizzare i piccoli gesti ed esprimi la tua personalità ogni volta che entri in relazione con un'altra persona. In questo modo sarà più facile essere ricordato e fare una buona impressione.
Un ulteriore importante strumento per conoscere altre persone del network con gli stessi interessi è rappresentato dai Gruppi.[7] Dal menu principale, sul fianco sinistro dell'homepage, trovi il link per accedere ai gruppi di discussione. Si tratta di conversazioni attinenti a un argomento o settore specifico con le quali è facile trovare molti professionisti con cui entrare in contatto. Puoi decidere di iscriverti a un gruppo e ricevere via email gli aggiornamenti delle discussioni presenti. In questo modo i loghi dei gruppi appariranno anche sul tuo profilo, come una sorta di badge di appartenenza. Puoi decidere quali gruppi debbano apparire sul tuo profilo (tra quelli a cui sei iscritto) e anche l'ordine di apparizione.

La funzionalità di ricerca di LinkedIn

Una volta definito il proprio profilo e la rete di contatti, il servizio può essere utilizzato per la propria ricerca di lavoro o viceversa per rintracciare altri professionisti da assumere. Dalla sezione "Jobs" si possono effettuare

7. Uno dei gruppi più brillanti in Italia è Fior di Risorse, www.linkedin.com/company/fiordirisorse--fdr, fondato da Osvaldo Danzi: it.linkedin.com/in/osvaldodanzi.

ricerche libere e consultare le offerte proposte dalla rete estesa dei contatti. In alternativa, è possibile ricercare direttamente persone, lavori e aziende. Il sistema offre un avanzato meccanismo di ricerca di persone per parole chiave, che può prevedere per esempio l'inserimento del nome e cognome di un utente, oppure di un ruolo, un luogo o un'azienda. Ecco un esempio di ricerca effettuata con le parole chiave "Luca Conti",[8] un popolare blogger, curatore della collana Hoepli che ospita questo libro e autore di un approfondito libro su LinkedIn:

Figura 9.2 – Ricerca per le parole chiave "Luca Conti".

Le informazioni di Luca che compaiono tra i risultati della ricerca sono:

- la foto;
- prima riga: nome e cognome;
- seconda riga: il titolo professionale o Sommario scelto da Luca;
- terza riga: il Paese di residenza e il settore industriale;
- quarta riga: le connessioni condivise e quelle totali.

Basta una rapida occhiata per capire quanto sia importante essere precisi nella compilazione dei propri dati. È grazie a essi che gli altri utenti sceglieranno di cliccare sul tuo profilo invece di uno degli altri risultati.
Il titolo professionale deve essere chiaro e significativo. Invece di scrivere semplicemente "Web Designer" puoi provare con la tua specializzazione, per esempio "Flash Designer di animazioni per siti multimediali" oppure, al posto di un generico "Avvocato", potresti inserire "Legale specializzato nei casi di balistica". L'obiettivo è quello di attrarre l'attenzione con frasi a effetto e significative e questo sistema è molto utile per non perderti nella marea di iscritti al servizio! Stesso discorso va fatto per la tua fotografia. Alcuni utenti scelgono di pubblicare foto prese in ambito non lavorativo, per esempio mentre sono occupati con un loro hobby. Altri puntano alla buona impressione generata da uno scatto professionale. Ma visto il contesto e tenendo presente la buona regola per cui al simile piace il simile, è più probabile che sia più efficace una foto in abito lavorativo invece di una in costume da bagno!

8. http://tinyurl.com/linkedconti.

La ricerca avviene inserendo le parole chiave desiderate e può essere raffinata per altre opzioni, per esempio il luogo o il settore industriale. L'ordine in cui compaiono in automatico i risultati è quello per "rilevanza", sulla base delle parole chiave inserite e della prossimità nella rete sociale, quindi se sei un contatto di primo, secondo o terzo grado.

Figura 9.3 – Arrivare al 100% di completezza del profilo, con tutti i vantaggi che ne consegue, non è più un'impresa riservata ai più audaci.

LinkedIn, come abbiamo visto, presenta il grado di completezza di ogni profilo a seconda delle informazioni inserite, cercando di guidarti nella compilazione di ogni area. Per avere un migliore posizionamento nei risultati delle ricerche, dunque, sarà tua cura compilare tutti i campi.
Impegnati quindi a essere il più chiaro ed esaustivo possibile nel compilare il profilo. Come abbiamo già detto, queste informazioni saranno disponili agli altri utenti che vorranno approfondire le tue competenze, ma anche ai motori di ricerca, primo fa tutti Google. Considera, infatti, che il tuo profilo LinkedIn sarà tenuto in altissima considerazione dai motori di ricerca, soprattutto quando si tratta di offrire dei risultati rilevanti per il tuo nome e cognome. Spesso, cercando una persona attraverso Google noterai che, nei risultati, la descrizione che sta dopo il link sotto il nome corrisponde proprio al sommario professionale di LinkedIn.

> *"Nel personal branding è risaputo che la visibilità è altrettanto importante della competenza."*

Nel personal branding è risaputo che la visibilità è altrettanto importante della competenza. È la visibilità che fa entrare le persone dalla porta, mentre le capacità personali le faranno rimanere e, soprattutto, tornare!

Usare LinkedIn al meglio

Come dichiara l'inesauribile blogger americano Chris Brogan,[9] LinkedIn è un vero e proprio "motore reputazionale". Gli utenti più esperti riescono a fare cose molto sofisticate attraverso questo network. Ron Lissak, per esempio, community evangelist[10] di LinkedIn, spiega in un articolo sul

9. http://tinyurl.com/chrisengine.
10. Il community evangelist è "l'evangelizzatore" della community su Web, colui che si occupa di diffondere e di promuovere un servizio tra le persone in Rete. Generalmente viene assunto per la sua

suo blog[11] come sia riuscito a ottenere 300.000 dollari in business utilizzando la sola funzionalità di ricerca degli utenti sul sito. Grazie a essa ha potuto abbattere le naturali differenze in termini di risorse e possibilità che sussistono tra una piccola azienda come la sua e le grandi aziende statunitensi come Goldman Sachs e Morgan Stanley!

Tutti raccomandati?

Un elemento fondamentale del servizio sono le segnalazioni, un tempo tradotte imprudentemente come "raccomandazioni". Più propriamente, si tratta di referenze da parte di contatti della propria rete sulla professionalità e sulla qualità delle attività condivise: i datori di lavoro, i colleghi, i clienti e perfino i docenti spesso segnalano i migliori allievi di un corso. In questo modo la reputazione di ogni profilo viene costruita e garantita dai contributi di approvazione e di sostegno che arrivano dalla rete di contatti. Non avere segnalazioni, soprattutto con profili attivi creati non recentemente, potrebbe essere male interpretato: ci sono aziende italiane che nella loro ricerca di candidati prendono in considerazione solo i profili con almeno due o tre segnalazioni.

Mentre nei Paesi anglosassoni l'endorsement, ossia la pratica della raccomandazione, è perfettamente normale anche solo per essere accettati presso un'Università, in Italia ha una connotazione quasi esclusivamente negativa. Invece, se meritata e fatta con trasparenza, rappresenta un ottimo strumento per rafforzare il proprio personal branding, non solo su LinkedIn. E anche da noi si sta diffondendo l'abitudine da parte di molte aziende (a partire dagli uffici delle multinazionali americane) di richiedere raccomandazioni scritte da parte di colleghi, ex manager o, meglio ancora, clienti.

Quindi anche tu, se decidi di puntare su LinkedIn, dovrai procurarti qualche segnalazione da parte dei tuoi contatti più autorevoli. Richiedere referenze, però, può essere un aspetto delicato e critico. Occorre scegliere con cura i contatti che possono garantire sulla tua professionalità e condividere le esperienze importanti. Uno degli aspetti fondamentali è l'autore della segnalazione: la sua reputazione, il suo ruolo e la sua rete garantiscono per te.

Ogni buona segnalazione su LinkedIn dovrebbe contenere:

- il ruolo di chi l'ha scritta;
- il progetto o il ruolo specifico a cui fa riferimento;

---

attività e la sua "fede" all'interno della comunità creata attorno a un sito.

11. http://tinyurl.com/sundarlinkedin.

- i risultati ottenuti dalla persona.

Spassionate difese o elogi generici di un amico non sono altrettanto efficaci: molto meglio un elenco preciso di fatti verificabili. Bisogna poi aggiungere qualche nota, a proposito delle segnalazioni:

- una segnalazione non è per sempre. Può essere revocata in qualsiasi momento. E comunque, prima di renderla pubblica sul tuo profilo, LinkedIn richiede la tua approvazione;
- le segnalazioni sono spesso reciproche: capita che molti utenti contraccambino il favore ricevuto. Per quanto possa sembrare una pratica scorretta e poco elegante, se il giudizio è autentico e contestualizzato a un'attività specifica, non c'è nulla di male: molte relazioni di business implicano un rispetto e una stima reciproci;
- chiedere delle raccomandazioni è perfettamente normale. Del resto tutti vorremo aiutare chi stimiamo e chi ha dimostrato la sua professionalità. Ma spesso non troviamo il tempo o ce ne scordiamo. Per questo è più facile rispondere a una richiesta diretta;
- i profili che presentano queste referenze sono elencati prima nei risultati delle ricerche;
- scrivere una segnalazione, anche se non è stata esplicitamente richiesta, è un ottimo modo per rafforzare una relazione;
- non avere alcuna segnalazione può essere percepito come una cosa negativa, ma anche non averne mai fatte agli altri!

Usare LinkedIn per trovare lavoro

LinkedIn è stato creato per fare networking, ma anche per permettere ai suoi utenti di trovare lavoro, sia una consulenza sia un posto a tempo indeterminato. Inizialmente dubitavamo dell'efficacia di questo servizio, ma poi sono arrivate le prime telefonate dei cacciatori di teste più accorti, dall'Italia e dall'estero. Con il tempo sempre più addetti alla selezione del nostro Paese hanno scoperto la piattaforma, e le richieste di colloquio telefonico per nuove opportunità sono diventate sempre più frequenti. Per rintracciare le persone giuste per le posizioni aperte si usano le parole chiave che ognuno ha utilizzato per descrivere le proprie competenze. Tuttavia, senza aspettare di essere trovati in questo modo, è possibile utilizzare il sito in maniera attiva, attraverso la sezione "Jobs", per cercare offerte di lavoro nella propria zona o in uno specifico settore.
Chi fa selezione del personale ha quasi sempre un profilo all'interno del network. Un piccolo accorgimento da tenere presente è quello di prova-

re a scoprire chi in una certa azienda si occupa della selezione e farà un eventuale colloquio. LinkedIn offre infatti l'opportunità di conoscere quali siano i suoi hobby e interessi, una fonte preziosa di argomenti per entrare in sintonia durante l'intervista. Non si tratta di giocare sporco: esattamente come "googliamo" il nome di una persona che non conosciamo per farci una prima idea di chi sia, allo stesso modo possiamo scorrere il profilo di chi condurrà e valuterà il colloquio. In fondo troveremo solo quelle informazioni che la persona interessata ha deciso di condividere nel momento in cui ha creato il proprio profilo.

Come suggerisce Francesca Parviero[12], social media HR strategist e partner di LinkedIn Italia, occorre però non abusare delle nostre ricerche sui professional network. Identificare un head hunter, un recruiter o un direttore del personale non ci autorizza a forzare una connessione. È importante agire in modo equilibrato dimostrando così, oltre alle competenze indicate nel nostro profilo, anche una certa sensibilità. Proviamo inoltre a metterci nei panni di chi c'è dall'altra parte: quante richieste riceve ogni mese? Se optiamo per la richiesta di contatto diretto allora occorre fare attenzione che il messaggio di presentazione sia ben studiato e adattato alle sue esigenze.

Tra i migliori consigli che si possono leggere su come trovare lavoro mediante LinkedIn, un posto di primo piano meritano quelli pubblicati dal già citato Guy Kawasaki:[13]

- **costruisci la tua rete prima di averne bisogno**. Anche se la tua situazione attuale è stabile e gratificante e non hai prospettive di cambiamento nel medio periodo, dedica del tempo per creare un network robusto. La tua reputazione e la tua rete di contatti saranno il miglior meccanismo di sicurezza se un giorno ne dovessi avere bisogno;
- **entra in contatto con altri professionisti**. Attraverso la ricerca avanzata puoi trovare persone con competenze simili alle tue e scoprire in quali aziende lavorano. Le aziende più smart hanno anche il proprio profilo aziendale su LinkedIn. Accedendo a quest'area chiamata "Company Profiles" troverai l'elenco delle persone che ruotano attorno all'azienda: impiegati, responsabili, collaboratori ed ex-dipendenti. In questo modo non solo puoi avvicinarti a realtà interessanti, ma puoi anche entrare in contatto con altri professionisti per scoprire e creare nuove opportunità per te;

"Anche se la tua situazione attuale è stabile e gratificante e non hai prospettive di cambiamento nel medio periodo, dedica del tempo per creare un network robusto."

12. http://it.linkedin.com/in/francescaparviero.
13. L'articolo completo tradotto in italiano è disponibile su http://tinyurl.com/10guyjobs.

- **non cercare lontano**. Se cerchi lavoro in un'azienda del tuo settore e hai una rete di contatti con molte affinità professionali è probabile che una di queste persone lavori, o abbia lavorato in passato, all'interno dell'azienda in questione. Se hai del valore da offrire ogni contatto rappresenta una porta verso nuove opportunità. Nella pagina "Jobs" c'è un riquadro denominato "Companies in Your Network" che elenca tutte le aziende in cui lavora almeno uno dei tuoi contatti. È uno spazio da monitorare costantemente per scoprire se, e quando, qualcuno offre un lavoro interessante;
- **investiga**. Se un annuncio di lavoro di un'azienda è troppo generico è probabile che ci siano dei requisiti non scritti. Con una rete abbastanza estesa puoi riuscire a contattare qualche dipendente di quell'azienda per ottenere maggiori informazioni sulla posizione aperta. O anche consegnare il tuo CV direttamente al manager o al responsabile del personale;
- **controlla chi ti controlla**. Dall'homepage di LinkedIn puoi vedere un piccolo elenco di persone (se lo permettono compare il loro nome, altrimenti compare solo l'azienda o il settore) che hanno visitato il tuo profilo di recente. Purtroppo la lista è limitata ai prime cinque nominativi: per attivare per intero questa interessante funzionalità occorre infatti sottoscrivere l'abbonamento Premium;
- **incrementa la tua visibilità con le segnalazioni**. Le segnalazioni sono un'ottima modalità non solo per essere apprezzati, ma anche per venire scoperti, a partire da chi ti raccomanda. Ogni referenza, infatti, è visibile dal profilo sia di chi la riceve sia di chi l'ha scritta;
- **dimostra la tua competenza**. Un manager o un selezionatore davvero interessato vorrà approfondire il più possibile la tua professionalità senza fermarsi al profilo personale. Per questo puoi utilizzare gli aggiornamenti di stato all'interno del servizio: i gruppi di discussione.

Tra gli altri consigli di Guy ci sono poi anche altre risorse online che riguardano per esempio Alltop.com, un suo sito che segnala le principali risorse relative a un determinato argomento:

- per un elenco con centinaia di nuove recenti opportunità di lavoro, c'è http://jobs.alltop.com;
- http://Linkedin.alltop.com, invece, contiene tutte le migliori informazioni su LinkedIn che sono in grado di farti diventare una sorta di "super utente";

- per i consigli su come migliorare la tua carriera, infine, puoi consultare: http://Careers.alltop.com.

Paesi emergenti e PMI con Viadeo

Viadeo è un servizio creato nel 2004 in Francia a partire da Agregator,[14] un club di imprenditori basato sulla condivisione di interessi finanziari con lo scopo di agevolare gli scambi tra i soci del club, nonché la condivisione di contatti ed esperienze. Dopo essersi affermato rapidamente in Francia come piattaforma di riferimento per le relazioni professionali, il servizio ha deciso di aprirsi agli altri Paesi europei, in Oriente e tra i Paesi emergenti. A oggi registra più di 50 milioni di iscritti e rappresenta uno strumento interessante per chi vuole:

- ampliare le proprie opportunità di business;
- aumentare la visibilità della propria impresa;
- ricercare personale.

Viadeo, inoltre, offre tutte le funzionalità che ci si aspetta da un servizio di business networking online. Mentre LinkedIn inizialmente si è diffuso soprattutto tra gli addetti della tecnologia, di Internet e delle telecomunicazioni, Viadeo si è invece dedicato fin dall'inizio alle PMI, ai professionisti e agli imprenditori dei più disparati settori.
Per tutti questi motivi, e per la forte espansione in Oriente, Viadeo è un'ottima scelta quando l'obiettivo riguarda il networking verso le economie emergenti.
Sabrina Mossenta, Partnership Manager di Viadeo Italia, ha intervistato per noi Dan Serfaty, CEO e fondatore di Viadeo e ha raccolto alcuni suoi consigli:
"Il social networking è oggi un elemento basilare della vita professionale. La presenza in Rete, infatti, aumenta le possibilità di entrare in contatto con persone e comunità, anche nel mondo reale. Rapporti che nascono online hanno la possibilità di proseguire con occasioni di networking offline, una volta che si è creato un rapporto di fiducia. Che si tratti di interagire in un forum o in un gruppo, scrivendo su un blog o inviando un'email, Internet offre infinite possibilità per la creazione di una rete professionale più ampia. Tuttavia, in un mondo globalizzato, è bene tenere conto del fatto che non esiste un modo unico di fare business: creare relazioni professionali è qualcosa di profondamente culturale. Proprio per questo Viadeo attua un

14. www.agregator.net.

approccio 'glocal': è una compagnia multi-piattaforma, multi-prodotto, multi-funzionalità e multi-brand in grado di offrire i servizi che meglio rispondono alle esigenze specifiche di ogni mercato locale. In India, per esempio – dove Viadeo è attivo come ApnaCircle – c'è una funzionalità per mandare brevi messaggi SMS, perché il cellulare è lo strumento più utilizzato dai candidati per contattare le aziende e dai selezionatori per i colloqui di lavoro. In Cina invece – dove Viadeo opera come Tianji – c'è una funzione di business poke per favorire la costruzione di reti di amicizia propedeutiche al business. Questo perché in Cina, prima di poter fare affari insieme, è necessario 'essere amici' e avere familiarità l'uno con l'altro anche su questioni non strettamente di business. Anche in Spagna l'essenza del fare business dipende ancora principalmente dal mantenimento di contatti continui e diretti, soprattutto face-to-face, mentre in Messico i professionisti sono sempre più attivi nel networking online, come dimostra l'aumento del 194% dell'utilizzo di social network professionali nel 2011 rispetto all'anno precedente.

“In un periodo di recessione come quello attuale le opportunità di sopravvivenza dipendono dai contatti, dalle relazioni e dalla fiducia.”

Anche in Italia i business social media come Viadeo facilitano di molto le relazioni interpersonali: aggregano persone che hanno simili interessi professionali con lo scopo di fornire supporto e scambio di idee tra i vari membri. Sono utili per freelance e imprenditori, così come per laureati e laureandi alle prime esperienze lavorative. Oltre a cercare opportunità lavorative, gli utenti possono pubblicare il proprio blog personale, creare forum, partecipare a discussioni e accedere a informazioni personalizzate facendosi conoscere. Sul Web 2.0, infatti, idee, contenuti e opinioni viaggiano molto più velocemente, e un tweet o un *Mi piace* sul sito giusto potrebbero permetterti di entrare in contatto con il tuo prossimo datore di lavoro.

Il networking è un'attività facilmente gestibile. È bene mantenere rapporti continuativi con i propri contatti, inviando loro un messaggio di tanto in tanto o condividendo un articolo che potrebbero trovare interessante. Quando un potenziale datore di lavoro guarda il tuo profilo e vede che leggete gli stessi articoli, che condividete degli interessi simili o che avete già alcuni contatti professionali in comune, le possibilità che voglia poi lavorare con te aumentano."

I vantaggi nell'utilizzo di tali reti sono quelli di facilitare l'identificazione di clienti, partner e nuovi collaboratori, oltre all'inserimento nei mercati di interesse e il reperimento di informazioni. In un periodo di recessione come quello attuale le opportunità di sopravvivenza dipendono dai contatti, dalle relazioni e dalla fiducia. I business social network permettono, quindi, di gestire in modo attivo la propria carriera e la propria identità professionale rendendo nota la propria reputazione in modo informale, libero e immediato.

Cose che puoi fare oggi

Dopo aver letto questo capitolo potresti:

- Farti scattare una foto professionale.
- Creare il tuo profilo su LinkedIn.
- Se lo hai già fatto, provare a completarlo il più possibile, magari chiedendo una segnalazione a un collega.
- Ampliare la tua rete personalizzando il più possibile il messaggio di invito.
- Cercare su LinkedIn le offerte di lavoro relative alla tua zona geografica.

CAPITOLO 10

L'INFLUENZA DIGITALE

Nel 2012 il tema della digital influence è diventato uno tra i più discussi in Rete. Le agenzie e le aziende che, nell'ottica di avvicinarsi al social Web, hanno iniziato a interessarsi al tema dell'influenza e della reputazione degli utenti più attivi della Rete sono molte. Il loro scopo è quello di capire come coinvolgerli in attività interessanti e trasformarli in portavoce e testimonial dei loro prodotti. Attraverso le possibilità di sfruttare il passaparola di Internet, di creare un'immagine positiva e di stimolare azioni nei consumatori finali, la posta in gioco sembra molto appetitosa.

Ma al di là degli interessi aziendali, la questione di quanto un determinato utente fosse popolare e influente è sempre stata rilevante sul Web, dove le semplici metriche quantitative appaiono subito limitate. È meglio avere 10.000 lettori o follower su Twitter o essere seguiti da solo 10 utenti, tra cui Barack Obama, Bill Gates e altri vip?

La risposta è abbastanza scontata.

Calcolare l'influenza online di un utente non è questione semplice. Per questo sono molti i servizi che si propongono di aiutare questa misurazione proponendo standard definiti. Allo stesso tempo, le persone attive su blog e all'interno di servizi di social networking stanno progressivamente prendendo coscienza del loro nuovo ruolo e stanno esplorando le possibilità che la rispettiva popolarità su questi spazi offre loro.

Il concetto non nuovo di opinion leader, considerato come un utente attivo capace di interpretare il significato dei contenuti trasmessi sui vari media, torna

attuale alla luce delle possibilità di espressione che offrono i social media. Solitamente, l'opinion leader è influente in un preciso ambito di competenza nel quale ha dimostrato la sua autorevolezza. Ognuno di noi ha almeno due o tre opinion leader: l'amico tecnico o smanettone al quale chiedere un consiglio per un acquisto tecnologico, per esempio.
È probabile che, agli occhi degli altri, sarai competente e preparato in una determinata materia. Immagina di estendere questa autorevolezza non solo ai contatti fisicamente più vicini, ma a tutti coloro che in Rete cercheranno informazioni e suggerimenti sul tuo argomento.

Una definizione di influence e influencer

Per capire l'influenza online possiamo partire da quella tradizionale, definita come la capacità di causare un effetto, diretto o indiretto, in altre persone e di stimolare un'azione, creare un'emozione e cambiare un comportamento.
Un'attenta distinzione tra influenza e persuasione è quella proposta da Piero Tagliapietra[1] che identifica nella persuasione il tentativo diretto di modificare atteggiamenti o comportamenti.

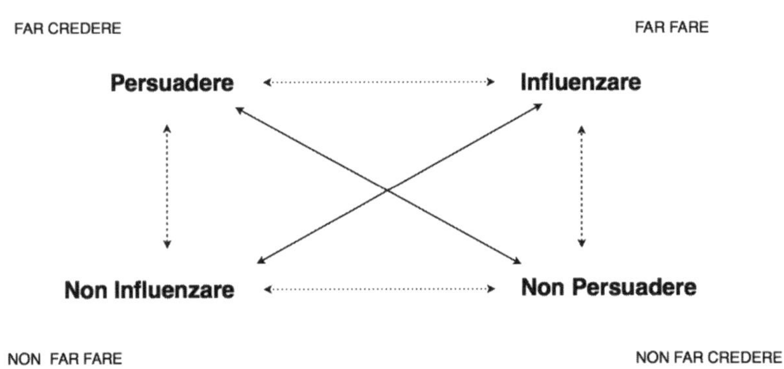

Figura 10.1– L'influenza generalmente è relativa a un argomento specifico. La categoria dei "tuttologi" in Rete non è contemplata, sebbene esistano utenti che hanno il loro peso su tutti gli argomenti di cui parlano.

Altro elemento importante che l'autore evidenza nel suo post è la credibilità di una persona, considerata come qualità attribuita dal ricevente all'emit-

1. www.pierotaglia.net/un-dizionario-dellinfluenza-online.

tente: si tratta quindi di un elemento fortemente soggettivo. È così possibile distinguere tra quattro livelli di credibilità:

- una presunta ipotesi di carattere generale nella mente di chi la percepisce;
- una superficiale ispezione semplice o un'esperienza diretta iniziale;
- una stimata testimonianza da parte di altri e delle valutazioni riferite;
- una guadagnata esperienza di prima mano, estesa nel tempo.

Per l'influencer diventa quindi fondamentale aver sviluppato una credibilità specifica, in modo da essere percepito come autorevole su una determinata materia. Con l'etichetta di *online influencer* viene quindi identificato un utente attivo all'interno delle reti sociali e dotato di connessione e interazioni significative con altri utenti. Questi blogger, spesso blogger senza blog dal momento che non necessariamente sono indispensabili i diari online, hanno la capacità di sfruttare il loro capitale sociale per essere ascoltati e avere un peso.

Uno studio di Brian Solis di Altimeter Group[2] identifica tre concetti principali per analizzare l'influenza: popolarità, audicence e reach. La popolarità è la visibilità di un soggetto all'esterno. Si tratta quindi della semplice somma degli utenti che lo seguono ed è un parametro che varia a seconda della piattaforma e del segmento di mercato. L'audience è un sottoinsieme dei follower totali e considera solamente il numero di utenti attivi che seguono un determinato soggetto. Il reach è invece il numero di utenti che possono essere raggiunti non solo tramite i follower, ma anche attraverso la condivisione dei messaggi da parte di questi. Il reach può essere ulteriormente suddiviso in tre categorie: il reach potenziale, probabile e verosimile.

Misurare l'influenza

Secondo lo studio di Altimeter Group nessun attuale strumento di misurazione dei social media riesce a definire come gli utenti influenzano le reti di cui fanno parte. La ricerca sostiene che questi servizi cercano di misurare la capacità di influenzare, in un certo senso il capitale sociale e non la reale influenza. In altre parole, la capacità di causare un effetto concreto nei comportamenti e nelle azioni di altre persone. Quello che

2. Disponibile gratuitamente all'indirizzo: www.slideshare.net/Altimeter/the-rise-of-digital-influence.

manca anche nei tool più sofisticati è la capacità di analizzare e considerare la complessità delle relazioni tra le persone all'interno delle reti sociali.

Vediamo nel dettaglio uno di questi tool: Klout.

Klout e il suo score

Nel marzo 2012, Sam Fiorella, un professionista di marketing di Toronto, è stato scartato a un colloquio a causa del suo Klout score, ritenuto troppo basso per la posizione ricercata.[3] Per di più, alla domanda di quanto fosse il suo score, il povero Fiorella non ha saputo rispondere! Eppure è sempre più frequente anche il contrario: si può ottenere lavoro grazie a un uso sapiente della propria presenza online sui social media, della propria influence e dal punteggio su Klout.

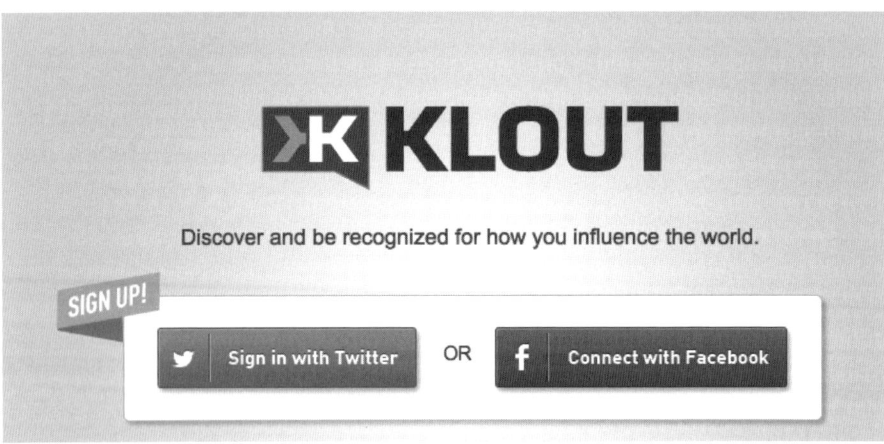

Figura 10.2 – Il servizio Klout.

Klout[4] è un servizio gratuito disponibile online che, attraverso un suo algoritmo proprietario, calcola l'intensità e la quantità delle interazioni online di un singolo profilo, indipendentemente dal fatto che corrisponda a un individuo o a un brand. Dall'analisi di diversi parametri elabora uno score di influenza, che sintetizza quanto attivo e popolare è quell'utente online.

3. L'articolo originale in lingua inglese è disponibile all'indirizzo: www.wired.com/business/2012/04/ff_klout.
4. http://klout.com.

Nonostante sia considerato da molti un servizio serio e autorevole, Klout è impostato come un gioco, a differenza di servizi simili come Kred[5] o PeerIndex.[6] Il suo score è quasi una classifica tra i nostri contatti; è possibile suggerire persone influenti su una materia specifica ed essere suggeriti. Attenzione però a prendere troppo seriamente il punteggio: non sempre un'azione che ha avuto molto risalto online equivale a un incremento di reputazione. Quando l'account Twitter di Groupalia ha approfittato del terremoto in Emilia per diffondere un messaggio pubblicitario, le critiche e gli insulti sono piovuti a raffica. Tuttavia il Klout score, nonostante le repliche negative, invece di scendere come era lecito aspettarsi, è volato in alto grazie all'aumento di interazioni rispetto ai giorni precedenti. Di fatto, questo episodio ha dimostrato come in alcuni casi l'algoritmo di Klout fatichi a riconoscere e a distinguere la "buona" reputazione dalla "cattiva". Come a dire che le metriche quantitative sono molto più semplici da calcolare rispetto al significato dei vari contributi.
Altro elemento che differenzia Klout da alcuni dei suoi competitor sono i perk, una sorta di benefit che si possono ottenere grazie a un punteggio Klout sufficientemente alto. Sconti, regali, vantaggi che, a seconda degli accordi presi, spaziano dall'online all'offline. In questo caso regali come cuffie, biglietti aerei e voucher per hotel sono a disposizione solo di chi ha raggiunto una determinata influenza in Rete.
Popolarità non significa influenza, ma fintanto che non ci sarà una maggiore considerazione per la componente qualitativa e per i tipi differenti di relazioni tra gli utenti in Rete, il valore numerico sintetizzerà l'impatto che ogni utente avrà nella sua rete di contatti.

Truccare i numeri del Web

La sopravvalutazione dei numeri che sintetizzano la popolarità all'interno dei social network ha portato a una serie di pratiche da molti considerate scorrette: l'acquisto di elementi che drogano le naturali logiche degli spazi online; finti amici su Facebook e follower su Twitter, finti "Mi piace" sulle pagine Facebook; recensioni realizzate su commissione o, peggio, dietro ricatto. Se la grande promessa di trasparenza e autenticità del Web 2.0 si è piegata alle logiche di marketing dove conta soprattutto essere in testa davanti ai propri competitor, la credibilità del sistema così come la fiducia

5. http://kred.com.
6. www.peerindex.com.

delle persone nei confronti dei contributi e delle interazioni degli altri sembra progressivamente svanire.
Recensioni viziate e commenti lasciati *ad hoc* per premiare un determinato brand o per danneggiarne un altro sono sempre esistiti. Sin dalla nascita dei forum di discussione le cosiddette attività di infiltration marketing erano una parte delle attività che le agenzie proponevano alle aziende. Però, gli utenti più preparati, così come i moderatori dei vari forum, riuscivano a smascherare i contributi non autentici e poco veritieri dal linguaggio utilizzato, dai precedenti contributi dello stesso utente o dalla verifica dell'indirizzo IP dal quale erano stati postati determinati messaggi. In alcuni casi si trattava di discussioni che mettevano in luce un certo prodotto realizzate da utenti diversi che riconducevano tutti allo stesso computer.
Ma quello che un tempo era semplice isolare e tenere sotto controllo ha assunto dimensioni e prospettive sempre più ampie. E sono sempre più numerosi i siti e i servizi di aste online che pubblicano inserzioni di utenti che vendono pacchetti di follower su Twitter o Instagram, fan o "Mi piace" su Facebook, condivisioni su Pinterest e LinkedIn, recensioni su TripAdvisor e simili trucchi.

Figura 10.3 – In fondo 25 $ per 800.000 follower sono una tentazione e rappresentano un investimento ridicolo per chi è abituato ai grossi budget destinati alla comunicazione.

È il luglio 2012 quando Camisani Calzolari fa esplodere la bomba,[7] nonostante tutti i professionisti del settore fossero da tempo a conoscenza della

7. www.repubblica.it/politica/2012/07/20/news/grillo_follower_polemica-39410851.

pratica. Secondo la ricerca del docente dello IULM che abbiamo già menzionato, non solo tra i politici, ma anche tra le più grandi aziende italiane esiste una forte componente di follower con un comportamento da bot, e insinua che diverse aziende ricorrano all'acquisto di finti fan e follower per "dopare" i numeri del proprio seguito online.

Figura 10.4 – Un'altra delle sensazionali offerte facilmente raggiungibili online per l'acquisto di follower a un prezzo "stracciato".

Quanto peso hanno le recensioni sul Web nel settore turistico? Secondo alcune ricerche il 30% degli utenti consulta TripAdvisor prima di prenotare un alloggio. Diventa quindi molto importante tutelare e migliorare la propria reputazione. Tanto che chi non sa bene come lavorare sulla propria, cerca di danneggiare quella dei concorrenti diretti pubblicando recensioni negative. A denunciare questo malcostume ci hanno pensato qualche tempo fa gli albergatori di Celle Ligure. Assieme a strutture mediocri che vengono improvvisamente sommerse di recensioni positive, esistono veri e propri ricatti da parte di clienti che esigono sconti minacciando di infangare la reputazione con commenti negativi. O da parte di fornitori che legano vendite e forniture a piccoli omaggi online. Siamo passati dal: "Se acquisti dieci casse di vino, te ne regalo una" a: "Se compri dieci casse ti faccio cinque recensioni positive online."
Più comportamenti di questo tipo si verificheranno e sempre minore sarà il peso di questi contenuti viziati da interessi specifici.
In un mondo in cui le metriche quantitative sono l'unico sistema universalmente riconosciuto per misurare la popolarità di determinate attività online è facile cadere nella tentazione di "giocare sporco" e rendersi la vita semplice acquistando seguito, interazioni e commenti positivi. In alcuni

casi,[8] come nel momento di lancio di un'attività, emergere all'interno di un ecosistema affollato diventa una priorità. Spesso si vedono piovere richieste di amici e conoscenti che invitano indistintamente tutti a mettere un "Mi piace" o a scoprire una nuova attività online.
L'importante è tenere presente che fiducia e credibilità sono beni molto preziosi online e l'attenzione degli utenti non può essere acquistata, ma va conquistata costantemente. Per questo ogni giorno sono al lavoro migliaia di community manager che si occupano appunto di stimolare le attività delle rispettive community.

8. È possibile leggere un valido approfondimento sul tema all'indirizzo: www.pierotaglia.net/perche-e-corretto-comprare-finti-follower-e-bot.

CAPITOLO 11

ROI? RETURN ON INFLUENCE!

Dopo aver spiegato i vantaggi del personal branding inteso come strategia per generare nuove opportunità e aver introdotto il tema della influence, viene naturale chiedersi: in che modo tutto questo può essere monetizzato?
Prendiamo come esempio il celebre calciatore David Beckham. Il recente marchio David Beckham Bodywear for H&M è una delle tante iniziative in cui la superstar del calcio ha associato il suo nome a un'iniziativa commerciale traendone grande profitto.
Ma quindi riguarda solo le star?
No, come ulteriore esempio considera Clio MakeUp, non solo è alla seconda stagione del suo show su Sky, ma ha firmato un'intera linea di Pupa.[1] Il tutto partendo dal suo videoblog.[2]
Se un tempo l'idea di monetizzare era una possibilità riservata a vip e celebrità, adesso può essere alla portata di tutti coloro che hanno sviluppato una strategia di differenziazione, una reputazione e una community all'interno della quale sono influenti in particolare online?
Si può guadagnare, insomma, grazie alla propria immagine anche quando non si è una star, ma "solo" una micro-celebrità?
Il tema è attuale, sentito e dibattuto.
Cosa significa infatti esattamente monetizzare il proprio personal brand? Forse guadagnare piazzando fastidiose inserzioni sul proprio blog personale?

1. www.vanityfair.it/starstyle/i-like/2011/09/06/clio-make-up.
2. www.youtube.com/user/ClioMakeUp.

Nei prossimi paragrafi tratteremo questo tema delicato, ma prima è necessario fare alcune importanti premesse.

Alcune premesse

ROI o ritorno dell'investimento

Sviluppare un brand personale costa tempo e impegno, ma può anche richiedere investimenti in denaro. Lo stesso vale per una presenza online efficace e per la relativa digital influence.
Ma qual è il ROI, il ritorno dell'investimento di questo impegno?

> ***“Il ROI della partecipazione ai social media va inteso come return on influence, ossia come aumento della propria digital influence.”***

Da qualche tempo tra molti autori e blogger italiani e internazionali si è diffuso un modo di dire: il ROI della partecipazione ai social media va inteso come return on influence, ossia come aumento della propria digital influence.
Monetizzare non significa ricavare un vantaggio economico immediato. Nei precedenti capitoli abbiamo visto come sviluppare un personal brand significhi anche attirare più clienti o opportunità, aumentare il proprio capitale sociale sviluppando nuove competenze e connessioni, migliorare la propria notorietà e le proprie relazioni con i media per esempio attirando l'attenzione di un giornalista di una testata di settore o di un blogger specializzato e particolarmente influente.

Prima di tutto il tuo messaggio

Allo stesso modo abbiamo visto come alla base di un personal brand forte vi siano una vision, un messaggio, una passione e un desiderio di avere un impatto sulla società. Sono tutti elementi che vanno al di là dei benefici funzionali a breve termine, ma che possono rafforzare il tuo brand e renderlo duraturo nel tempo. Nell'era di Internet i valori in cui credi sono importanti tanto quanto il valore che offri o che chiedi. Per questo è fondamentale dare sempre la precedenza a questi fattori rispetto alle opportunità di guadagno a breve termine. Sono opportunità che magari non pagano l'affitto, ma possono portare a coinvolgimenti, collaborazioni e attività professionali. Sta a ognuno valutare e capire al meglio come sfruttare le tante porte che si possono aprire e che spesso conviene anteporre a un ritorno immediato.

Saper dire di no

Una delle sfide più impegnative che può affrontare chi intende sviluppare un proprio brand è quella di sapere quando dire di no.
Ogni decisione deve essere presa pensando a medio e lungo termine. Gli elementi più importanti che non dovrai mai lasciare in secondo piano sono la tua immagine, la tua reputazione e la relazione con il tuo pubblico. Un evento, una collaborazione o un progetto a prima vista potrebbero sembrare una buona opportunità, ma come potrebbero essere interpretati tra uno, tre o cinque anni?
Una regola mutuata dal buon senso è chiedersi sempre: potrò dare una spiegazione a una persona cara, per esempio a mia nonna o ai miei figli, di quello che sto facendo? Tutto quello che facciamo online (e non solo) lascia un'eredità con cui in futuro dovremo fare i conti.

Non tradire mai il tuo pubblico

Chi ti legge o segue online capisce se ciò che condividi deriva da un bieco compromesso o dal reale desiderio di condividere del valore. Talvolta il sospetto e le vivaci proteste nascono anche quando la tua condivisione è spontanea, figuriamoci se è sponsorizzata smaccatamente.
Il consiglio è di non far nascere mai neanche il sospetto.
La domanda che devi sempre farti quando vieni coinvolto in un'iniziativa su cui hai dei dubbi o in cui hai qualche ritorno economico, come per esempio la diffusione di un video o di un articolo è: dove sta il valore per i miei lettori? Cosa possono imparare da quello che sto loro offrendo?

Più tardi monetizzi, maggiormente monetizzi

Più tardi monetizzi, maggiormente monetizzi è forse il suggerimento più importante del libro *Crush It* di Gary Vaynerchuk,[3] che abbiamo già menzionato. È meglio lavorare costantemente e a lungo per sviluppare la propria influence e pensare alla monetizzazione in un secondo momento.
Hai presente quelle simpatiche persone che ti chiedono l'amicizia e poi, dopo pochi minuti che l'hai accettata ti lasciano deliziosi messaggi pubblicitari in bacheca?

---

3. Vaynerchuk Gary, *Buttati! Ora o mai più. Trasforma la tua passione in soldi*, Sperling & Kupfer, Milano 2010.

Qualche tempo fa Luigi ha ricevuto l'ennesimo messaggio che cercava di arruolarlo in un programma di guadagno online poco chiaro. Ha colto l'occasione per provare a spiegare come in questi casi le persone percepiscono queste proposte e cosa realmente pensano. Ha così aperto un sondaggio pubblico che ha avuto l'esito che si può vedere in figura (in maiuscolo le proposte originali, il resto lo ha fatto la sua rete di amici su Facebook in modalità crowdsourcing).

Figura 11.1 – Quello che la gente pensa veramente quando...

L'esempio non solo dimostra quanto sia irritante lo spam, ma evidenzia anche quanto sia dannoso chiedere prima di aver offerto del valore.
Quando la tua reputazione è ampia le opportunità che ti verranno proposte saranno sempre più interessanti e profittevoli.
Più a lungo lavori sulla diffusione del tuo messaggio, sulla generazione di valore per la tua rete e sullo sviluppo del tuo capitale sociale, più i vantaggi a lungo termine saranno grandi.

Trasformare la propria passione in un lavoro

Per Jolanda Restano l'incontro con Internet avviene in una calda estate del 1995 quando, seguendo in vacanza il marito impegnato in Sardegna nella start-up di un nuovo servizio online, si trova a giocare con un PC, un browser e una linea dedicata. Un vero colpo di fulmine.

Figura 11.2 – Jolanda e il suo inseparabile pupazzo verde.

Nel 1996 lascia la ricerca scientifica e diventa responsabile dei contenuti del servizio online *Salute e medicina Internet* di Edra. Nel 1998 è autrice della maggiore directory italiana specializzata in medicina, *Internet per le scienze mediche. Manuale di navigazione in medicina* (Edra, 1998). Nel 2000, non trovando in Rete i testi di filastrocche tradizionali che voleva recuperare per la sua bimba Matilde, lancia Filastrocche.it, divenuto uno dei servizi online dedicati all'infanzia di maggior successo in Italia, che oggi propone un database di oltre 17.000 testi e migliaia di creazioni raccolte con la partecipazione del pubblico della Rete.
Compiuto il "salto" verso la sua passione più vera, Jolanda diventa anche autrice e producer di contenuti per bambini (libri, fiabe cantate su CD, siti

web e altro) e apre il suo blog personale: Mammachespasso[4]. Con Jopweb, agenzia fondata in seguito al successo di Filastrocche.it, Jolanda ha servito alcune delle maggiori aziende che si rivolgono al pubblico delle mamme e dei bimbi.
Alla fine del 2008, in seguito a un incontro con Celicia Spanu, mamma di 4 figli ed esperta di marketing, lancia FattoreMamma, agenzia di comunicazione focalizzata sulla relazione tra mamme e aziende. Da questa esperienza lancia poi nuovi siti tra i quali Blogmamma.it ed eventi dedicati alle mamme, come Mammacheblog.com, raduno annuale delle mamme blogger italiane.

Damiano Tescaro, idealista, sognatore, illuso e ottimista, si laurea in Scienze della Comunicazione a Padova e viene ispirato dalla lettura di *I would do it, if I just knew what it was* di Barbara Sher, il cui sottotitolo recita più o meno: scopri quello che vuoi veramente e come ottenerlo. Partendo dalle tue passioni, ovviamente.
E quali sono le passioni di Damiano? Le lingue, la recitazione, viaggiare e soprattutto il gaming, in particolare i giochi online, che non è certo la prima cosa a cui pensano i giovani quando cercano spunti per la loro carriera. Damiano è davvero un sognatore, ma non è pigro.
Realizza un magnifico video[5] prendendo spunto dal trailer di World of Warcraft The Burning Crusade in cui mette in mostra tutto quello che sa fare di meglio. Quel video possiede tutti gli ingredienti necessari: personal storytelling, dimostrazione delle competenze, motivazione, obiettivi, emozione e pathos. Ricalca e rispetta il linguaggio della community di appassionati della Blizzard, dimostrando di far veramente parte dell'"Italian Horde". Poi Damiano mette in atto delle azioni tattiche. Frequenta il sito di WOW per eventuali ricerche di personale e lavora per diffondere in ogni modo il suo video-CV tra appassionati e professionisti, chiedendo pareri e opinioni con la speranza che prima o poi anche Blizzard lo noti. Intanto si trasferisce a Dublino e fa networking. Partendo dall'ostello, conosce nuova gente e aumenta il suo capitale sociale. Passa qualche settimana e la tensione nel frattempo sale, ma finalmente riceve due telefonate: una proprio dalle Blizzard.
Ora lavora infatti in Blizzard Entertainment a Cork, in Irlanda.

4. www.mammachespasso.blogspot.com.
5. www.personalbranding.it/2012/videocv-influencedesign.

Pubblicità e sponsorizzazioni

Durante un recente congresso di mamme blogger, una signora tra il pubblico ci ha domandato: "Possiedo un blog che parla di questi temi, come faccio a fare dei soldi con la pubblicità?"
Guadagnare con un blog personale non è facile. In alcuni casi è anche controproducente. Inoltre il traffico in termini di volume di pagine viste necessario ad attirare gli inserzionisti o a monetizzare circuiti quali Google AdSense, deve essere molto imponente.

> *"Guadagnare con un blog personale non è facile. In alcuni casi è anche controproducente."*

In Italia, il blog The Blond Salad[6] di Chiara Ferragni – amata/odiata icona nazionale di fashion blogger dai tempi della prima edizione di questo libro in cui l'avevamo intercettata alle sue prime esperienze su Flickr[7] – ha avuto sicuramente un grande successo, sia in termini di monetizzazione sia di digital influence. La giovane fashionista ha moltiplicato le sue collaborazioni. Grazie alla numerosa rete di contatti, sviluppata e attiva non solo in Italia, ha creato più di un'occasione di sponsorizzazione, tra omaggi delle aziende e attività come testimonial. Molti non hanno apprezzato il coinvolgimento anche di brand posizionati diversamente, ma il passaparola per ogni sua uscita è sempre stato notevole.
Se gli obiettivi delle aziende che l'hanno coinvolta è stata la visibilità, si può dire che le aspettative sono state quasi sempre soddisfatte in pieno. Anche se è difficile ipotizzare con quale investimento.

Ana White[8] è una blogger dell'Alaska con un posizionamento molto singolare. Si concentra su un target davvero curioso: quello delle donne che si fanno i mobili da sole, proprio come lei. Ha deciso di iniziare la sua avventura online dopo essersi costruita la sua casa da sola, spinta da innumerevoli problemi, anche finanziari.
Pur completamente inesperta di blog ha così pensato di aprirne uno su Blogger.com dove pubblica i piani di costruzione fatti con uno strumento gratuito molto efficace per il fai da te: Google Sketchup.[9] In breve ha acquisito un grandissimo seguito e un'invidiabile popolarità, anche dal punto di vista delle entrate pubblicitarie, visto che le sue statistiche registrano milioni di pagine visualizzate al mese. Alcuni contenuti sono pro-

6. http://theblondesalad.com.
7. www.flickr.com/photos/chiaraferragni.
8. http://ana-white.com.
9. http://ana-white.com/2011/03/how-do-i-design-my-own-plans-google-sketchup.

dotti dai sui lettori che possono pubblicare i loro schemi in un'area pubblica sul blog; altri le richiedono di produrre schemi per mobili di cui hanno solo una foto. Così è stata persino intervistata sulle riviste dedicate alla casa e ospitata in numerosi programmi televisivi ed eventi. Nell'ottobre 2012 ha pubblica anche un libro.[10]

Figura 11.3 - Ana White e il suo libro.

Ma il traffico maggiore non le è arrivato da Google, Facebok o Twitter. Come avviene per molti siti che privilegiano le immagini ai testi e che sono frequentati da un pubblico femminile, anche per Ana White la maggioranza dei visitatori è arrivata da Pinterest, una sorgente di visite che la donna incoraggia opportunamente piazzando su ogni pagina un pulsante di condivisione dedicato.

Figura 11.4 - Ti Piace? Pinnalo!

10. http://ana-white.com/2012/10/book.

Partecipazioni a eventi

Da anni Luigi e Tommaso girano l'Italia parlando di personal branding e partecipando a innumerevoli eventi talvolta anche a titolo gratuito. Alcuni sono stati organizzati da enti no-profit, altri da università o da aziende private.
Ogni volta che sei chiamato a partecipare a eventi di questo genere, in primo luogo dovresti chiederti:

- È un'opportunità per comunicare il mio messaggio?
- Posso portare innovazione nella mia categoria?
- Posso contribuire alla società e avvicinarmi alla realizzazione degli obiettivi della mia vision?
- Posso conoscere nuove persone, fare networking, ricercare talenti o aprire opportunità?

Allora cogli immediatamente l'occasione! Spesso a questi eventi nascono nuove partnership, idee e progetti. Talvolta, inoltre, questi convegni sono seguiti da organizzatori di eventi molto importanti che potrebbero decidere di invitarti o coinvolgerti per iniziative online e offline ampliando così il tuo pubblico.

Anche grazie agli innumerevoli strumenti per promuoverli, oggi gli eventi sono più numerosi che mai.

Ecco alcuni modi per individuarli:

1. gli amici e i contatti sui principali social sono una fonte preziosissima di informazioni sui prossimi eventi a cui parteciperanno, talvolta, però, possono non essere totalmente in linea con quello che cerchi;
2. per un maggior *focus* segui gli influencer del tuo settore. Molti di loro condividono gli eventi a cui partecipano sui loro siti personali;
3. su Facebook gli eventi sono ormai diventati un veicolo di spam, ma può essere interessante scoprire a che tipo di manifestazione sono stati invitati i tuoi contatti. Tommaso ha creato una pagina *ad hoc* nella quale cerca di raccogliere tutti gli eventi nel quale è coinvolto: http://tommaso.tumblr.com/interventi;[11]
4. sempre su Facebook puoi vedere la lista degli eventi del mese sul tuo profilo: https://www.facebook.com/events/list;

11. Per una lista aggiornata dei nostri eventi: www.personalbranding.it/eventi.

5. su Eventbrite puoi ricercare gli eventi relativi alla tua città per parola chiave;
6. tieni d'occhio TEDx[12], dedicato agli eventi indipendenti legati ai contenuti e ai temi trattati nelle conferenze TED.

Con il passare del tempo la tua reputazione aumenterà ed è possibile che, se stai presidiando una nicchia non troppo affollata, ti possano invitare a partecipare a eventi a pagamento. In quel caso sarai tu a giudicare. Spesso una buona visibilità sulla stampa può essere molto più remunerativa di un semplice gettone presenza.

Libri, infoprodotti e formazione

Se il tuo posizionamento si basa su una qualche forma di expertise o competenza particolare, hai l'opportunità di offrire i tuoi servizi di formazione a pagamento online e offline.
Questi possono includere libri, ebook, membership area, seminari e altro.

Libri

Numerosi blogger e influencer sono apprezzati dalle case editrici in quanto ben posizionati e capaci di diffondere la pubblicazione tramite la loro presenza online. Il modo più semplice per iniziare è quello di partire con un ebook originale, anche gratuito. Da qui molto spesso possono nascere grandi opportunità.
Tra i tanti esempi possibili si possono citare alcune blogger che si sono distinte nell'ambito food come Sigrid Verbert[13] con *Diario italiano. Appunti di viaggio, ricette ed emozioni del cavoletto di Bruxelles*,[14] Giulia Scarpaleggia con *I love Toscana*[15] e Laurel Evans con *American bakery. Tanti golosi dolci a stelle e strisce*.[16]

Ebook

Gli ebook, grazie anche alla sempre maggiore diffusione dei lettori elettronici, sono uno dei trend del momento, per quanto concerne l'editoria.

12. www.ted.com/pages/about_tedx.
13. www.cavolettodibruxelles.it.
14. Rizzoli, Milano 2012.
15. Food Editore, Milano 2012.
16. Gribaudo Milano 2012.

Sono sempre di più gli autori, soprattutto internazionali, che persino dopo un'importante carriera nel cartaceo hanno esteso la loro offerta anche agli ebook, in particolare grazie al self publishing, ossia l'auto-pubblicazione. Il guru Guy Kawasaki, dopo aver pubblicato l'ultimo libro stampato, ha optato per un instant ebook su Google+ dal titolo *What the plus!*[17] che ha venduto e diffuso esclusivamente tramite la sua presenza online. Ma non è tutto, Guy ha recentemente scritto un nuovo ebook, *APE: Author, Publisher, Entrepreneur. How to Publish a Book* in cui inserisce tutto ciò che ha imparato in questa esperienza, con moltissimi preziosi consigli su come gestire la propria carriera di autore.
Lo stesso Seth Godin, autore del celebre saggio *La mucca viola* che abbiamo già citato, ha riconosciuto presto questo trend fondando The Domino Project. Così, in collaborazione con Amazon, promuove un nuovo modello di editoria con preziosissimi consigli per gli attuali e futuri autori ed editori.
Questa tendenza è ormai confermata da tempo anche grazie a casi come quello di John Locke, autore indipendente, che nel 2011 ha venduto un romanzo in formato ebook auto-pubblicato su Amazon a 0,99 euro a copia, che ha superato il milione di euro di incassi.
In Italia abbiamo l'esempio del blogger e social media manager Vincos che, dopo essersi distinto grazie a mappe ed elaborazioni grafiche dei social media,[18] ha deciso di lanciare i suoi due ultimi libri solamente in formato ebook e solo successivamente di pubblicarli a stampa.

Esiste anche l'eccellente strumento iBook Author della Apple che facilita la produzione e la distribuzione degli *ibook*, gli ebook destinati alla piattaforma Apple. Il sistema è particolarmente indicato per la produzione di libri elettronici multimediali, quali manuali o libri illustrati per bambini.

Audiolibri

Gli audiolibri hanno iniziato ad avere un discreto successo solo recentemente, grazie alla diffusione del relativo catalogo di iTunes. Gli autori di successo internazionali di qualsiasi settore mettono spesso a disposizione la versione audio del loro libro. Audible.com è sicuramente leader del mercato con più di 100.000 titoli a catalogo.

17. www.guykawasaki.com/what-the-plus.
18. http://vincos.it/world-map-of-social-networks.

In Italia, il settore del self help fino a ora l'ha fatta da padrone. Degno di menzione è sicuramente l'esempio del mental coach Claudio Belotti,[19] già autore del libro *La vita come tu la vuoi*,[20] che vanta da anni ormai molti titoli presenti nella classifica degli audiolibri più venduti su iTunes.

Webinar e corsi online

I webinar (pronuncia: wèbinar) e i corsi online esistono da molto tempo e sono stati ampiamente utilizzati dalle aziende a scopo promozionale o formativo.
Recentemente, blogger e influencer li hanno riscoperti, soprattutto grazie al fiorire degli strumenti per realizzarli e gestirli in maniera semplice ed efficace.
È ormai abitudine consolidata offrire webinar gratuiti con lo scopo di aggregare potenziali clienti o partecipanti a corsi più strutturati. Grazie a un webinar puoi favorire lo scambio in tempo reale, raccogliere feedback e dare un saggio delle tue competenze e del tuo stile.
Grandissimo successo hanno avuto piattaforme quali Udemy.com, con un amplissimo catalogo online, e Coursera.com, che offre formazione di livello universitario in modalità social. Un corso di sociologia tenuto dal professor Mitchell Duneier di Princeton ha visto più di 40.000 partecipanti provenienti da più di 100 Paesi![21]

Il webinar, in particolare, è un potentissimo strumento di comunicazione e di promozione dei propri prodotti o servizi che negli ultimi anni ha preso prepotentemente piede nel mondo della formazione, degli infoproduct e del marketing. Rientra nelle forme di comunicazione sincrona: come una chat richiede che le persone siano collegate nello stesso momento e per questo riscontra molti consensi, in quanto permette un'esperienza completa di interazione con la persona che conduce il webinar stesso.

> “*Il webinar è un potentissimo strumento di comunicazione e di promozione dei propri prodotti o servizi.*”

Strutturalmente, a seconda del livello di configurazione e delle necessità, un webinar si presenta con un instant messaging (per esempio Skype) più articolato: contiene una chat, la possibilità di condividere slide, link, risorse scaricabili o il proprio desktop, una o più webcam e la possibilità di condividere uno spazio di scrittura in cui tutti possono offrire il proprio contributo in tempo reale.

19. www.claudiobelotti.it.
20. Sperling & Kupfer, Milano 2011.
21. http://chronicle.com/article/Teaching-to-the-World-From/134068.

L'esperienza di un webinar, soprattutto se ben calibrata e progettata, è assolutamente coinvolgente e dinamica: offre la possibilità di assistere in diretta a un evento che può raccogliere anche diverse centinaia di persone.
A proposito di numeri, Hubspost e Hootsuite hanno recentemente fissato un nuovo record mondiale nella storia: oltre 17.000 partecipanti e 31.000 iscritti.[22] Sicuramente sono numeri enormi che fanno comprendere l'interesse internazionale per questa particolare forma di comunicazione.
I principali vantaggi dei webinar sono molti: semplicità, completezza, rapidità e versatilità della comunicazione, possibilità di interagire in tempo reale e, di conseguenza di una maggiore partecipazione e probabilità di conversione (nel caso sia prevista qualsiasi forma di call-to-action).
Gli stessi argomenti rappresentano d'altra parte anche i limiti dei webinar: questo incredibile potenziale attira frotte di improvvisatori che presentano webinar il cui livello è spesso poco professionale, in cui non vengono sfruttate tutte le potenzialità interattive delle piattaforme e in cui il tasso di abbandono è spesso molto alto. Come conseguenza, il mercato dei webinar in Italia è spesso confuso e poco definito e l'offerta così eterogenea da confondere i potenziali partecipanti.
La differenza è fatta dai grandi comunicatori e formatori che tutti conoscono: Giorgio Tave, Robin Good, Insegnalo.it, Ninja Marketing sono solo alcuni esempi di realtà che offrono webinar, sia a pagamento sia gratuiti, di altissimo livello per le competenze di progettazione, il coinvolgimento dello staff tecnico esperto e la strutturazione dell'offerta complessiva.
Per quanto riguarda la formazione al webinar in Italia c'è ancora molto poco. Insegnalo.it sta sviluppando e proponendo un percorso interamente online di formazione completa sull'uso delle piattaforme, sulla progettazione delle diverse tipologie di webinar (webconference, webmeeting, webtraining e branding webinar), sulla gestione dell'interazione live e sulla creazione di un'esperienza completa e professionale.

22. http://venturebeat.com/2012/07/05/hootsuite-and-hubspot-guinness-record-worlds-largest-webinar.